凹
OWN
历 史，是 昨 天 的 事 实

量化经济史经典译丛　　　　　　　总主编　曾咏梅　白彩全　冯　晨

［英］罗德里克·弗劳德 (Roderick Floud)　著

Introduction to Quantitative Methods for Historians

献给历史学家的量化方法

刘杰 等 —— 译

社会科学文献出版社
SOCIAL SCIENCES ACADEMIC PRESS (CHINA)

OWN
历史，是昨天的事实

Copyright © 1973 Roderick Floud

Authorized translation from the English language edition published by Routlege, a member of the Taylor & Francis Group.
本书原版由Taylor & Francis出版集团旗下,Routledge出版公司出版，并经其授权翻译出版。版权所有，侵权必究。

Social Sciences Academic Press(CHINA) is authorized to publish and distribute exclusively the Chinese (Simplified Characters) language edition. This edition is authorized for sale throughout Mainland of China. No part of the publication may be reproduced or distributed by any means, or stored in a database or retrieval system, without the prior written permission of the publisher.
本书中文简体翻译版授权由社会科学文献出版社独家出版并在限在中国大陆地区销售，未经出版者书面许可，不得以任何方式复制或发行本书的任何部分。

Copies of this book sold without a Taylor & Francis sticker on the cover are unauthorized and illegal.
本书贴有Taylor & Francis公司防伪标签，无标签者不得销售。

著者简介

罗德里克·弗劳德（Roderick Floud），英国伦敦都市大学经济学教授，经济史学与人类史研究先驱代表。英国皇家历史学会、艺术学会会员，主要研究人力资本培养与计量史学。作品主要有 *Height, Health and History: Nutritional Status in the United Kingdom, 1750-1980*; *The Changing Body: Health, Nutrition and Human Development in the Western World since 1700* 等。

译者简介

刘杰,南昌大学副教授、硕士生导师。江西省青年井冈学者(2019年)、江西省"双千计划"哲学社会科学领军人才(2019年)、南昌大学"赣江青年学者"。华中师范大学经济史专业博士,上海财经大学理论经济学博士后。浙江湖州民国研究院特聘研究员、中国商业史学会理事、中国财政史学会理事、中国经济史学会会员、中国经济思想史学会会员。主要从事中国近现代金融财政史、商业史等研究。在《中国经济史研究》《国际金融研究》《统计研究》等核心期刊上发表论文30余篇,其中CSSCI论文20余篇。主持国家社科基金青年项目1项,中国博士后基金特别资助项目、面上项目各1项,国家社科重大招标课题子课题1项,省部级课题多项。

目 录

1 引言 — *001*

2 历史数据分类 — *007*

3 整理历史数据 — *017*

4 简单的数学运算 — *029*

5 数据初步分析，Ⅰ：频率分布图 — *045*

6 数据的初步分析，Ⅱ：概括性指标 — *065*

7 时间序列分析 — *085*

8 变量之间的关系 — *121*

9 数据不完整的问题 —————————————— *147*

10 计算机和数据处理设备 ———————————— *171*

参考文献 ————————————————————— *189*

附　录 ————————————————————— *191*

致　谢 ————————————————————— *195*

译后记 ————————————————————— *196*

1 引言

当描述和分析人类社会的历史与现实时,我们不可避免地要使用数量、年龄、出生年月、财富、有几任妻子、有几个子女——所有这些都显示了一个人的量化特征。如果要对一个人进行充分的描述,就有必要发现这些特征。在这样做的过程中,我们衡量与比较一个人和其他人的可量化的特质——富有或贫穷、年长或年轻,等等。利用这些手段并讨论某个人的思想和工作,我们把他放在他所生活的社会中进行观察。人们通常会以行为方式相似或有相似想法为标准将人进行分类——如"中产阶级"、"法国人"或"保守主义者"。应该说,必须这样分类和归类,因为只有如此才能把人类思想和行为的多样性缩减到一种可管理的形式。

例如,年龄、财富、子女的数量都是明确的可以量化的指标。我们通过计算一个人出生后的年份来衡量一个人的年龄,或者通过计算他所拥有的物质财富的某些货币单位的数量或价值来估算他的财富。如果用更多的方法来描述历史人物,那么我们就是在用定量的方法研究历史。相比之下,我们在历史研究中使用的其他定义或批判的理论,在形式上是非定量的,意在描述个人或群体的思想或态度,比如,"法西斯主义者""文艺复兴时期的人"就是这样的描述。在关注非定量的或者定性的描述时,可以赋予它们一个完整的定义,并且要对持有这种观点的人的数量进行量化,从而评估其历史意义。"中产阶层"是对社会中一个群体的描述,但对于许多研究者来说,为了使其具有研究意义,也要对社会中一些有特定收入和态度的人进行描述。在"中产阶层支持政府"这种描述中,中产阶层指的是大多数人,而非全部被描述为"中产阶层"的人。于是可以得出结论,只有通过计算这些人的数量,才能确定这种说法的真实性。因此,历史学家使用的许多定性判断或描述具有隐含的定量意义,这一点是需要明确的。此外,对个人或群体行为的很多描述都具有数量意义,如"通常""正常""经常""许多"等,都是定量的概念。虽然我们往往不愿意对它们进行准确的检验,但原则上,它们的意义或真实性只能通过量化来确定。

因此，历史学家和其他社会科学家一样，经常且不可避免地使用数量来感知事物。这个事实并不意味着他们所做的所有陈述都是定量的，或者他们相信人类行为的所有方面都可以用数量来衡量。人类的许多方面，人类群体的许多方面，以及物质对象的许多方面，都不能用数量来衡量或表达。虽然我们可以量化15世纪生产的宽幅布料的价格变化，但我们永远不知道它们摸起来是什么感觉。何况，与其他社会科学家相比，历史学家实际上在量化方面能做的非常有限——他们不能像心理学家和社会学家那样，询问受试者关于幸福感或态度的问题，因此也不能寄希望于进行关于其幸福感或政治态度的测量。

然而，人类历史上某些领域的经验无法衡量这一事实并不能成为我们不去探索那些可以接触的领域的理由。至少，可量化的可以帮助我们理解不可测量的事物。"所有重要的问题之所以重要，正是因为它们不可能被定量回答"[①]，这句话忽略了这样一个事实——我们可能无法在不知道定量答案的情况下给出"重要"问题的证据。如果已经确定某人的收入在增加，那么探讨他的幸福感在增加要比不知道他的收入容易得多。因此，即使我们对定性问题比对定量问题更感兴趣，但实际上，这两个问题是不可分割地联系在一起的——定量问题补充了定性问题。历史学家面对的一个主要问题是，不管他的兴趣是什么，证据总是不足。从来没有足够的证据能让我们确定某种解释或描述是正确的。如果并不认为量化重要，排除对量化证据的考虑，或者把它降级到次要地位，那么历史学家就是在进一步缩减本就不充分的证据。数量证据也许不能提供完美的答案，但它很可能为找出答案提供一些线索。不假思索地就抛弃它，既浪费且不负责任。

---

① Arthur Schlesinger jun, "The Humanist Looks at Empirical Social Research", *American Sociological Review*, Vol. XXVI (December 1961), p.770.

一个更严重且同样错误的对量化历史的批评是：量化方法会使历史过于简单化，丢弃过去的信息，强迫个人进行分类，从而会导致历史中人的缺失。实际上，任何分类或聚合方法都不可避免地会削弱人类历史经验的多样性，因为这就是它的目的，没有一个历史学家能够理解这种多样性；历史学家，就像任何面对多种现象的人一样，会不可避免地寻找模式和某些事物的相似性，并拒绝或忘记许多不符合这些模式的部分。与定性的传统的历史学相比，量化历史的优势在于，其分类体系和方法、使用的假设和模式都是明确而清晰的。我们不需要猜透历史学家的思想或跟随他的思维过程去理解定量的历史学，因为数据是肉眼可见的。一位量化历史学家在明确地构建模型和寻找相似性时，总是被迫承认自己是在简化问题，并描述自己是如何做到这一点的。但对他而言，这并不是毫无意义地清除那些令人不快的证据。量化历史学家永远不能忽视历史证据中固有的多样性，因此这种方法虽然旨在将这种多样性缩减到一种可以理解的形式，但也提供了一个能指出模型和证据平均值之间差异性的方法。

有一些糟糕的量化历史，其中的证据被强加到预先确定的类别中，使用的假设是违反历史事实的。很难断言所有的量化历史都是理性和客观的。可以肯定的是，历史学家所做的许多（尽管不是全部）陈述是定量的，许多历史证据也是定量的，因此应该用量化的方法进行分析，使用量化方法的历史学家应该很好地利用这些方法。正如解密中世纪手稿或解释启蒙运动的政治思想，都需要经验、训练与技巧一样，处理定量材料需要掌握特定的分析方法和技巧。历史学家不能简单地研究一个数字表并期望立即了解其意义，他必须学会将数据和他收集的其他证据联系起来的技巧。因此，本书的目的是帮助为数众多的历史学家更好地使用材料，并帮助那些阅读其作品的人判断他是否这样做了。

在接下来的几章中，我们将讨论一些定量技术在历史问题和历史证据中的应用。第 2 章介绍了史料的分类和整理方法，以便于用后文描述的方法进行分析。第 3 章讨论了用概要形式描述定量证据的方法，第 4 章介绍了一些简单的数学技巧，这些技巧在证据分析中是有用的。因此，这三章描述了历史学家在开始分析之前所必须进行的准备工作。

第 5 章和第 6 章描述了分析的第一阶段。第 5 章以图表形式讨论了提出证据的几种方法，第 6 章对提出证据的方法进行了补充，讨论了集中趋势度量（平均值）和离散度量。第 7 章将这些技术应用于按时间顺序排列的证据，并讨论了时间序列分析中一些特别重要的技术。

在第 8 章中，前文所提出的方法和概念被用于讨论统计方法，这也预示着两组证据之间存在某种关系。这一章讨论了相关性的概念，并介绍了一种最强大的统计技术——简单线性回归。

第 9 章涉及一个特殊的历史数据问题，即数据缺失的问题，在传统的统计学文本中这并不经常被考虑。本章在前面几章讨论的基础上，提出了一些处理数据缺失问题的方法，并介绍了抽样的概念。

第 10 章介绍了用于定量分析的一些工具：电子计算机、计算机和穿孔卡片处理机。前文讨论的方法并不要求使用此类设备，但事实表明有了这些辅助手段，定量分析可以变得更加容易和省时。

本书不是统计学的教科书，也不是对历史方法讨论的贡献。当然，也不能假装为定量史料分析中可能出现的所有问题提供答案。正如本书所示，它是对历史学家运用定量证据所需要技巧的介绍，也涉及对许多其他书籍的介绍，如统计学、计算学、计量经济学或数理统计学，量化历史学家最终可能需要阅读或参考。

2 历史数据分类

将材料分类是对历史证据进行系统研究的首要要求之一。历史学家根据先入之见和研究对象，会很自然地从多方面对材料进行分类。例如，历史学家通常把材料分为主要证据和次要证据。主要证据产生于研究期间，而次要证据通常是其他历史学家重新加工的。历史学家采用其他分类方法来区分文学证据和考古证据、书面证据和印刷证据、定量证据和定性证据，甚至还会采用更详细的分类方案。例如，根据主要证据的来源还能将其分为日记、法律记录、法庭记录、报纸、选举结果、商业记录。

历史学家在使用这些记录的过程中，逐渐总结出一些规律，而这些规律使他们能够判断不同类型材料的价值以及如何有效地使用这些材料。因此，他们对材料进行分类，在一定程度上是为了便于应用这些规律。例如，J.J.巴格利（J. J. Bagley）将1660~1760年的教区记录分为两类：人头税报税表和教区洗礼、婚姻和葬礼登记册。在对这两类教区记录进行区分后，巴格利发现前者并不是人口变化的可靠指南，而后者有时更靠谱。[①]

使用定量材料的历史学家必须学会对材料进行分类，不仅要看它们的来源和可靠性，还要看它们在多大程度上适用于不同的分析方法。第一步，必须检查数据，也就是正在分析的材料，并以一种有助于分析的方式对它们进行分类。这种分类方式把数据分为三种类型，即名义型、序数型和区间型。

（一）定类变量

首先，也是最简单的定量数据形式是在常规语言中使用的，我们通过给对象命名将它们划分为通用类，并计算每个名称出现的次数。例如，《末日

---

① J. J. Bagley, *Historical Interpretation, 2: Sources of English History, 1540 to the Present Day* (Harmondsworth, Penguin Books, 1971), pp.84-154.

审判书》的编者在描述 1086 年肯特郡的瓦伊庄园时，就是以定类变量的形式呈现的：

> 在一块土地上有 52 块耕地。其中有 9 块是在私人领地上，114 个有 22 个边界的村庄有 17 块耕地。这里有 1 座教堂和 7 个农奴，4 座价值 23 先令 8 便士的磨坊，有 113 英亩每年能收取价值 300 头猪的放牧费的草地和林地。①

在这个例子中，《末日审判书》的编者调查了瓦伊庄园的实物、人、动物和农具，对它们进行命名并把每种的数量加了起来。

值得注意的是，在描述瓦伊庄园时有几个特征适用于定类变量。首先，瓦伊庄园的每个特征的名称在原则上都是任意的。无论是用拉丁文给这些特征命名，就如同手稿中给出的那样；还是用某些新语言，在对村庄的描述上都不会有区别。所给的名称是无关紧要的，只要《末日审判书》的编者和读者对特定特征名称的认识达成一致，那这些名称就是令人满意的。

其次，它并不意味着所列特征的顺序有任何特定的目的，也不意味着瓦伊庄园的一个特征比另一个特征更重要。尽管在文章引用中这些特征具有前后顺序，但如果以其他顺序排列，对村庄描述准确性而言没有任何影响。事实上，《末日审判书》的编者对每个条目的顺序排列都大致相同，这便于庄园之间的比较，但在每个庄园里，顺序其实是无关紧要的。

最后，正如对瓦伊庄园的描述那样，所列出的物品类别是离散的，或相互排斥的，除了是同一庄园的不同特征之外，它们之间毫无关系。例如，不可能把猪与磨坊相加，然后得出瓦伊庄园有 304 头猪或 34 座磨坊，因为猪

---

① J. J. Bagley, *Historical Interpretation, 1: Sources of English Medieval History, 1066-1540* (Harmondsworth, Penguin Books, 1965), p.27.

和磨坊不同并且不能作为同类汇总的两个类别。即使在耕地问题中，似乎也能得出这样的结论：庄园共有 26 块耕地，9 块是私有的，17 块是非私有的，但我们并没有打破这条规则，事实上，私有和非私有耕地是两个不同的类别，我们并没有将私有耕地计入非私有耕地，而是创造了一个新的类别——包含所有类型的耕地——它包含了这两个类别。将类别分组总是可行的，但也应该认识到，在分组中，我们不是将两个类别相加，而是创建一个新的类别。

确定定类变量这三个特征的结果是，当变量是定类类型时，可以进行的统计运算的数量受到严重限制。这些信息可以用许多不同的形式表示，后文将会提到，但在范围上对这些数据的分析是有限的。

（二）定序变量

在大多数情况下，我们所能获得的信息量，或者我们愿意对变量所做出的假设的数量，使我们能更进一步而不是单纯地列出感兴趣事物的特征。可以对所使用的类别强加某种次序，如一个类别的组成大于、长于、小于、富于另一个类别的组成。如果可以对已建立的类别之间的关系做一些这样的表述，那么这些变量就可以被认为是定序型的。

在历史著作中，我们经常遇到的一个定序变量的例子就是对社会阶层的分类。例如，在 1688 年，格雷戈里·金（Gregory King）列出了英国人口的社会阶层，并对每个社会阶层的家庭数量进行了估计。表 2-1 给出了他的列表的摘录，显示了社会结构的上层是列表中 26 个阶层的前 13 个。在这样一个按社会阶层来划分的分类中，类别的编撰者不仅像计算定类变量那样计算每个类别的项目数，而且认为需要说明这一类目与另一类目的关系。格雷戈里·金不仅计算了世俗贵族和神职贵族的家庭数量，而且认为前者比后者优越。

在定类变量中，分类的次序是无关紧要的，即使把它们混在一起也没有什么区别，而在定序变量中，正如"定序"一词所暗示的那样，次序是非常重要的。如果把格雷戈里·金制作的表中的类别混在一起，然后按不同的顺序排列，将会失去表中的一个重要特征。

定序变量比定类变量更有价值，只是因为类别的次序是数据的附加信息，可以用于进一步的分析。

表 2-1 各社会阶层家庭数量（1688 年）

阶层	家庭数量
世俗贵族	160
神职贵族	26
男爵	800
骑士	600
从骑士	3000
绅士	12000
高级办公人员	500
低级办公人员	5000
海上贸易大商人	2000
海上贸易小商人	8000
律师	10000
高级牧师	2000
低级牧师	8000

资料来源：G. King，引自 L. Soltow, "Long-run Changes in British Income Inequality", *Economic History Review*, XXI（1968），No.1, p.18。

（三）定距与定比变量

正如类别次序的附加信息可以区别定序和定类变量一样，有关类别之间精确关系的更多信息也是区别定距或定比变量的重要元素。有了这些数据，不仅可以知道类别的顺序，而且可以知道类别之间的间隔，可以将其用于进一步的分析。大多数用于定量分析的历史材料是定距或定比类型的，最熟悉的包括收入数据、选举统计、投票数量、人口统计、作物产量。例如，表2-2列出了1929年英国大选后议会各党派的情况。有了这些数据，不仅可以说明工党比保守党拥有更多的国会议员，还可以说明工党恰好比保守党多28名议员，而保守党成员反而比自由民主党成员多201人。换句话说，需要有一个固定的单位人数并以此来衡量某个党派的力量。如果能够设想这个计量单位有一个零点，就像设想一个政党没有议员一样，那么就有了定比变量。只有当量化的单元不存在零点时，这类数据理论上才是定距变量，应用这类数据的主要例子是温度的测量，其中的零点是任意指定的。这和等比量表不同，例如货币收入，没有货币的状态下反而更有弹性。然而，事实上，定比和定距变量之间的区别并不重要；大多数历史数据都是定比类型的，但它们经常被称作定距类型，因此本书交替使用这两个术语。

表 2-2 下议院的政党力量（1929 年 3 月 31 日） 单位：个

政党	席位
工党	288
保守党	260
自由民主党	59
独立党派	8

（四）一些复杂数据

经过初步分类之后，可进一步分析的数据数量取决于历史学家所掌握的数据的类型。定距数据比定类数据、定序数据更有价值，因为定距数据中隐含着关于顺序与排列的附加信息，因此可以使用更复杂的分析方法来分析这类数据。

正因为如此，历史学家能否精准地判断他的数据是定类型、定序型还是定距型就显得尤为重要。如果做不到这一点，他将面临两个风险。一方面，如果假定数据是定类型的，而实际上它们是定序型的或定距型的，他将是安全的，但分析范围可能严重受限。另一方面，如果假定数据是定距型的，而实际上它们只是定序型的，那他将会做错误的假定，在错误假定的基础上使用任何统计方法都可能产生错误结果。因此，在开始分析之前，历史学家必须判断他的数据最接近哪一类型。

在大多数情况下，数据类型是清晰的，就像前文给出的定类、定序和定距数据中的例子一样。在其他情况下，可能很难真正确定数据是哪种类型的。举个例子，当格雷戈里·金按照社会阶层列出英国人口时，如表2-1所示，他添加了一项每个阶层家庭年收入的估计值。表2-3给出了这样一些估计，这一次是针对下层社会领域。

就表2-3左边两列而言，很明显，它们表示定序数据。格雷戈里·金指明的顺序是否正确尚存在一些争论，例如陆军军官的社会地位是否真的比海军军官低，且两者是否都低于店主和商人，但很明显该数据是定序类型的。困难在于确定表格的第三列，单位家庭年收入是否属于不同的类型。从表面上看，它是一个等比量表，以拥有清晰零点的英镑为计量单位。然而，困难之处在于，由于没有1688年完整的家庭收入数据，金给出的预估数据，在很大程度上是根据以往经验所做的猜测。我们必须确定金是否能够根据经验做出准确的估计，或者他是否仅根据家庭所处的社会地位来确定可能的收入。如果是前者，那么可以将他的数据视为定比类型，尽管对确切的数字还有怀疑；如果是后者，那么我们所看到的就是伪装成定比数据的定序数据。

表 2-3 英国 1688 年以社会阶层来划分的家庭数量及单位家庭年收入

阶层	家庭数量（户）	单位家庭年收入（英镑）
大地主	40000	91
小地主	120000	55
农民	150000	42.5
科技、文艺工作者	15000	60
店主和商人	50000	45
手工业者	60000	38
海军军官	5000	80
陆军军官	4000	60
普通士兵	35000	14
普通海员	50000	20
劳动人民与服务人员	364000	15
佃农与贫民	400000	6.5
流浪汉、乞丐和吉卜赛人	30000（人）	2

资料来源：G. King。

由于历史学家经常没有足够的关于所使用数据编译方式的信息，因此在使用历史统计时经常会出现很难确定数据类型的问题。不幸的是，没有处理这类问题的通用法则。

历史学家必须做出判断，读者也必须判断作者的判断。例如，从格雷戈里·金提供的具体数据中可以看到，年收入的顺序并不简单地与社会阶层保持一致；海军军官的年收入是上一阶层的手工业者的两倍多，而年收入 42.5 英镑的农民排在年收入 60 英镑的科技、文艺工作者之前。

这种顺序上的差异证明格雷戈里·金有其他一些证据可以作为收入统计数据的基础，而不是简单地根据对社会阶层的判断来分配数字。因此，将收入数据视为定比型可能是合理的。

总的来说，假设数据属于信息量较少的类型是明智的，除非有规则能确定它们属于信息量较多的数据类型。还有一种方法是使用一种以上的统计方法，并比较结果。后文将给出具有类似对象但适用于不同类型数据的可行方法的示例。

3 整理历史数据

除了按第 2 章所述的方式对资料进行分类外，历史学家还必须学会整理资料，以符合定量分析的要求。不同的统计方法要求以不同的方式排列数据，但可以制定一些通用的原则和明确关键术语。有了它们，可以确保清晰性和一致性，节省时间和精力，以避免在分析的后期阶段出现混乱。

（一）数据集

在第 2 章中，我们使用了"数据"一词，用以描述某位历史学家所研究的材料。但该词具有广泛意义。我们需要用另一个关键词，即"数据集"来描述特定分析项目中的数据。历史学家希望在分析多个问题时，可以使用多个数据集，而且在这种情况下其材料仍可被看作一个系列的数据集，共同构成全部证据。

将证据视为一系列数据集是想强调历史数据不应被视为过去遗留给我们的某种模糊的信息链，而应被视为与我们将要研究的特定问题相关的信息片段。在任何一个项目中，我们都会选择那些与我们考虑的问题相关的信息而忽略其余的信息。下文给出一些例子可以帮助我们厘清数据集的概念。如果我们对 1086 年的英国庄园社会模式感兴趣，那么我们的数据集可能像《末日审判书》。换句话说，我们从 1086 年关于英格兰的广泛信息中选择了一组信息，称为这个项目的数据集。同样，在对英国选举的研究中，一个数据集很可能是选举结果集，如表 2-2 中 1929 年的数据集。因此，数据集是历史学家从可获得的整个历史数据范围内的关联数据中选取而得，之所以选取这些，是因为它与历史学家所考虑的问题密切相关。

（二）案例

每组数据集均由一系列单个数据组成，这些数据组合在一起形成与特定问题相关的关联证据。因此，在每个数据集内，必须收集数据以便促进问题的思考；数据不能简单地杂乱分布在纸片或文件卡上，必须始终如一地、合乎逻辑地排列。

排列数据集的基本单位是"案例"。它由一个或多个与特定调查单位有关的信息组成。例如，在《末日审判书》的调查中，可将每个包含所有描述信息的庄园视为案例。同样，在对选举结果的研究中，每一个选举结果都可以看作一个案例，因此1929年的选举结果可以看作从英国大选结果数据选取的案例。

（三）变量

每个个案都包含一些关于其自身的信息。这些信息描述了案例的不同特征。例如，从《末日审判书》中，我们得知瓦伊庄园有多少耕地、有多少农奴、有多少林地。如果我们去看其他庄园、其他案例，就会发现其他庄园也有相同特征的信息；有的拥有与瓦伊庄园一样多的耕地，有的多一些，有的少一些。"庄园耕地数量"的特征是变化的，换句话说，在不同的情况下，可以把它描述为一个可变的特征，简称"变量"。可以看到，每个案例都是由许多不同的信息片段组成的，这些信息与所有案例共有的变量有关，因此说，每种情况、每个案例都是由许多值组成的，每个变量只有一个值。

在大选结果中，案例是选举结果，变量是每次选举背后的政党实力。因此，有4个变量——工党实力、保守党实力、自由民主党实力和独立党派实力——这些变量在1929年的值分别为288、260、59和8。

（四）数据矩阵

无论是在纸上还是在我们的头脑中，排列数据集都很方便，因此可以清楚地看到哪些信息是数据集部分，哪些是案例，哪些是变量。一种方便的数据组织方法是使用"数据矩阵"。表 3-1 给出了一个数据矩阵的例子，它是《末日审判书》中庄园数据集的一部分。

表 3-1 中列出了《末日审判书》中五个庄园的一些证据。我们列出信息，以便每个案例——在此表中为每个庄园——有一行，而每个变量（每个庄园的耕地数量、草地面积和农奴数量）有一列。因此，可以把一个数据矩阵看作由若干行（通常表示情况）和若干列（通常表示变量）组成（在本书中，我们将严格遵守这个惯例，但读者需要注意，有时为了方便表达或一些其他原因，这个惯例会被打破）。因此，可以将表 3-1 中给出的矩阵描述为一个有五行四列的数据矩阵。在分析过程中，我们常常将注意力集中在一行或一列或者一条信息上，为了分析的那一部分而丢弃矩阵的其他部分。当这样做时，通常很难知道如何引用特定信息。例如，说"奥多庄园草地面积的信息"就很麻烦。

表 3-1 世界末日庄园

庄园	耕地数量	草地面积	农奴数量
瓦伊（Wye）	52	—	114
斯蒂夫基（Stiffkey）	1.5	2	—
米尔顿（Milton）	15	20	14
奥多（Oundle）	~9	50	23
利兹（Leeds）	6	—	27

资料来源：J. J. Bagley, *Historical Interpretation,1: Sources of English Medieval History, 1066-1540* (Harmondsworth, Penguin Books, 1965), pp.27-29。

为了方便引用数据矩阵中的个别信息片段，我们可以使用矩阵符号系统。正如在代数中我们习惯用字母表示数字，所以可以用字母来表示矩阵中的每一个信息（每个"矩阵元素"）。表 3-2 显示了应用这种方法的可能性。

表中字母 a 表示数字 52，而 k 表示数字 50，与表 3-1 中数据矩阵条目相对应。这种方法便于我们参考特定的信息。我们现在可以说"k"而不是"奥多庄园草地面积的信息"。

表 3-2 世界末日庄园

庄园	耕地数量	草地面积	农奴数量
瓦伊	a	b	c
斯蒂夫基	d	e	f
米尔顿	g	h	i
奥多	j	k	l
利兹	m	n	o

然而，很明显，这种在矩阵中用字母表示元素的方法受到严格的限制。如果超过 26 个元素，那字母就不够用了，而许多数据矩阵超过 26 个信息。因此，需要一种更通用的方法来表示矩阵中的元素，这种通用方法如表 3-3 所示。

表 3-3 表示矩阵元素的通用方法

庄园	耕地数量	草地面积	农奴数量
瓦伊	A_{11}	A_{12}	A_{13}
斯蒂夫基	A_{21}	A_{22}	A_{23}
米尔顿	A_{31}	A_{32}	A_{33}
奥多	A_{41}	A_{42}	A_{43}
利兹	A_{51}	A_{52}	A_{53}

在表 3-3 中，用字母 A 表示矩阵中的每个元素，第一个下标数字表示元素所在的行，第二个下标数字表示元素所在的列。这种表示法使我们能够通过使用一个字母和两个下标来描述整个矩阵甚至整个数据集，以及其中的每个元素。可以选择不同的字母来描述不同的矩阵或数据集。

到目前为止，我们已经考虑了同时具有多行和多列的矩阵，但是一个矩阵可能只有一行或一列。例如，如果取表 3-1 的第二行，则有一个只有一行的矩阵，称为单行矩阵，如表 3-4 所示。

表 3-4　斯蒂夫基庄园观察报告单行矩阵（1）

庄园	耕地数量	草地面积	农奴数量
斯蒂夫基	1.5	2	—

这个可以用矩阵符号替换，如表 3-5 所示。

表 3-5　斯蒂夫基庄园观察报告单行矩阵（2）

庄园	耕地数量	草地面积	农奴数量
斯蒂夫基	B_1	B_2	B_3

请注意，为了避免与较大的数据矩阵 A 混淆，我们使用了不同的字母，并删除了一个下标。实际上，这一操作放弃了第一个下标，即行数，因为只有一行，所以第一个下标是多余的。

同样，表 3-1 的第一列可以用矩阵符号表示，因此可以说有一个列向量 C。同样，我们用了一个不同的字母，这次去掉了列下标，因为只有一列，所以它是多余的。

因此，可以将相同的数据视为矩阵的元素、行向量元素或列向量元素。在任何时候选择何种方式来表示它们完全出于研究者的选择，这取决于研究者是对整个矩阵感兴趣,还是仅对一个案例(一个行向量)或一个变量(一个列向量)感兴趣。

另一个切实可行的惯例是用字母 i 表示行下标,用字母 j 表示列下标。因此可以说,在表 3-3 中,i 下标的值可以是 1、2、3、4 或 5,而 j 下标的值可以是 1、2 或 3。事实上,可以把这个矩阵描述为 i 从 1 到 5,j 从 1 到 3 矩阵 A_{ij}。

表 3-6　五个庄园耕地数量观测的丛向量 C

庄园	地块
瓦伊	C_1
斯蒂夫基	C_2
米尔顿	C_3
奥多	C_4
利兹	C_5

可以使用这种矩阵表示法讨论后文涉及的许多统计方法。虽然使用这种表示法乍一看似乎会带来不必要的复杂性,但显而易见的是,使用这种表示法会大大简化定量数据的处理。

(五)收集数据

由于数据矩阵的数据安排适合后文所提到的分析方法,因此,除非有一些阻碍这种安排的前提因素,否则应根据数据矩阵的形式提前收集与准备用于分析的数据。因此,开始做定量分析的历史学家首先必须确定其证据中的哪一个是单元案例,然后确定哪些变量与他想要研究的案例相关。在这之后,就可以相应地安排材料了。

实际数据排列过程的复杂度取决于下层数据的复杂性。将数据集排列成数据矩阵的一个重要要求是一致性；每行必须包含一个案例，并且每列条目必须包含与该列中的其他条目相同的信息。通常，这种一致性很容易达到。以表2-3中的数据为例，格雷戈里·金估计的每个社会群体的家庭数量和他们的家庭年收入，不存在混淆的可能性。数据陈述清晰，每一列都被准确定义。然而，在其他情况下，由于原始数据记录混乱，就有可能出现错误。例如，在《末日审判书》的调查中，每个庄园信息中很重要的一项信息是需缴纳土地税的面积。表3-7列出了四个庄园的该项信息。

表3-7　四个庄园的土地评估

庄园	土地评估
瓦伊	7 苏隆（sulung）
米尔顿	0.5 海德（hide）
奥多	6 海德（hide）
利兹	10 卡勒凯特（carucate）和 6 bovates（英国古代土地测量面积单位）

注：8 bovates（英国古代土地测量面积单位）=1 卡勒凯特（carucate）。

表3-7中数据为庄园相同特征数据，且每个案例的变量相同，但如果记录数据时只是简单地将它们列在表3-7中，那显然是错误的。

在表3-8中，数据列项是不一致的，因为每个案例中记录的土地面积单位都不相同。以同样的方式处理，可能会违反案例间一致性的要求。例如，如果在对英国选举结果的调查中，不仅将每次大选后各政党的状态作为案例，还将每次补选后各政党的状态作为案例，那将会得到一个不一致的数据集。每一列信息都必须正确且具有一致性，但案例有所不同，大选之后，所有席位都能竞争可作为一个案例，而另一种案例可以是补选之后，只有一个席位可以易手。

表 3-8 四个庄园的土地评估

庄园	土地评估
瓦伊	7
米尔顿	0.5
奥多	6
利兹	10.75

在收集数据并排列矩阵时，强调一致性似乎是多余的，但在使用定量分析方法时，一致性却是必不可少的。因此，当历史学家面对如表 3-7 中那样不一致的数据集时，他必须先解决一致性问题，然后才能开始分析数据。他面临着四个方案的选择。第一种也是最好的选择是将所有的数据转换成同一计量单位，将苏隆和卡勒凯特转换成海德。不幸的是，这并不总是可能的，因为不同量度单位之间的关系可能不为人所知。在经济史上，普遍存在的问题是不同类型的布用不同的量度来计量，然而这些单位之间的换算比率却常常不为人所知。

第二种可行性方法是，如果无法将数据转换为通用标准，就接受差异，并将数据记录在不同的列中，就好像每个面积单位都是一个单独的变量，如表 3-9 所示。采用这种方法的问题在于使跨案例研究变得很困难。如果只需要记录土地评估这一项信息，便浪费了空间。

表 3-9 四个庄园的土地评估

庄园	土地评估		
	（a）苏隆	（b）海德	（c）卡勒凯特
瓦伊	7	—	—
米尔顿	—	0.5	—
奥多	—	6	—
利兹	—	—	10.75

第三种可行方法是省略非典型性单位，苏隆是一种肯特州的计量单位，英国其他地方都不使用，卡勒凯特的使用也比海德少。因此，省略以苏隆和卡勒凯特为单位的信息可能是明智的，如表3-10所示。但是，这种方法不如前两种令人满意，因为信息是缺失的。

第四种方法是最不令人满意的，即完全忽略不一致的变量信息。在《末日审判书》的例子中，如表3-9所示，这将导致整个表数据大量缺失——这是一个极端的方法。但是，如果造成困难的条目只是众多被记录信息中的一项，它在进一步的分析中不起非常重要的作用，那忽略该部分信息保证所有信息的一致性是非常可取的。针对该方法的主要反对观点在于，在数据记录阶段往往很难判断被丢弃的信息在后期的分析中是否有价值。因此，除非非做不可，否则保留数据比丢弃数据更好。

表 3-10　四个庄园的土地评估

庄园	土地评估
瓦伊	—
米尔顿	0.5
奥多	6
利兹	—

4 简单的数学运算

在本章中，我们将讨论一些简单却重要的统计度量的计算，还将描述一些简单的数学方法，这些方法可简化计算，后文将会一一示范如何使用这些方法。其中一些技巧对于还记得学校数学课内容的人来说一定很熟悉，而另一些对许多人来说则是陌生的，因此会做更详细的讲解。可以说，不需要使用一到两种数学技巧也能解释统计学的概念，但这样做必然会带来不必要的复杂和冗长的解释。

（一）频率分布

数据矩阵的每一列都由与矩阵中的某些可变特征有关的数据组成。如果我们对某一变量的特征特别感兴趣，则关注矩阵中的该列即可，因此可以看到一列数字，每个案例一个。例如，在第 2 章《末日审判书》的例子中，我们看到了土地面积评估列表，每个庄园一个。如果只考虑少数情况，像第 2 章那样，就可以较容易地理解每个庄园面积评估的信息。然而，如表 4-1 所示，如果要分析更多的案例数据，当分析 50 个庄园数据时，将需要从更长的列表中理解或吸收信息。面对这样一张表，我们很难清楚地分辨该表所包含信息的主要特征，也就是说，普通人很难轻易地消化 50 个及以上的数字。

因此，为了利用大量的数据，需要通过一些方法对数据进行总结，以一种令人印象深刻的方式表现它们的主要特征。最简单的方法是首先计算每个值在列表中出现的次数。这实际上相当于重新整理了一遍数据，在原始数据矩阵中，如表 4-1 的列向量，变量的值是按照收集原始数据时案例在矩阵中的顺序排列与展示的。现在，根据变量的值来排列案例。排列这些案例是为了显示变量的特定值出现的频率，因此这种数据的重新排列被称为频率分布。

以表 4-1 数据分析中出现的问题为例，作为 1086 年《末日审判书》调查的一部分，表4-1显示了50个埃塞克斯郡的林地数量。从本质上讲，这些信息与庄园的林地面积有关，《末日审判书》的编撰者没像通常那样给出林地的面积，而是以饲养多少头猪来表示。正如达比（Darby）教授所说："这些数字不一定完全表明在一片树林里实际上有多少头猪在吃草：这里的猪只是被用作计量的单位。"[①] 由此可知，表4-1中的数据为计算1086年埃塞克斯郡的森林覆盖面积提供了有用的数据。然而，依照目前的情况，这些资料很难理解，从表中，我们几乎不知道每个地方的林地分布情况，也不知道是否有一块特定的林地是完整的。为了获得这类信息，需要对表格进行汇总，大大简化信息使其为我们所用。

表4-1 埃塞克斯郡的林地（1086年） 单位：头

地区	1086年林地养猪的数量
瑞特	1200
克拉夫林	600
法纳姆	150
—	50
乌格里	160
阿尔费雷斯图纳	350
克兰菲尔德	120
邓莫	300
伊斯顿	150
—	400
—	150
拉什利	60
萨克斯特德	800
亚德利	30
赫杉	30

---

① H. C. Darby, *The Domesday Geography of Eastern England* (Cambridge, Cambridge University Press, 1952), p.233.

续表

地区	1086年林地养猪的数量
哈林勃利	100
芬奇菲尔德	5
—	30
海丁翰	500
—	160
亨利	30
—	20
马普利斯特德	60
—	15（原始材料16）
波利	40
萨琳	200
斯坦斯特德	400
菲尔德	500
韦翰圣保罗	20
伊斯特伍德	30
亚伯丁	200
比尔川德	50
—	30
艾森汉姆	1000
萨弗伦沃尔登	800
—	30
泰克利	600
桑德利	600
威克姆·邦亨特	80
威克姆	60
拉耶	400
—	60
科吉歇尔	30
布朗克斯	500
纳特利	80

	续表
地区	1086年林地养猪的数量
—	30
—	200
—	100
利文霍尔	350
未指明区域	55
合计	11915

资料来源：H. C. Darby, *The Domesday Geography of Eastern England* (Cambridge, Cambridge University Press, 1952), pp.236-237。

如表4-2所示，可以通过构造一个简单的频率分布展示汇总的过程。现在有44个数字，而不是50个数字，其中一半（第一列）显示猪的数量，另一半（第二列）显示这些值在数据中出现的频率，每个位置一个数字。尽管将表4-2与表4-1比较时，信息量有所减少，但实际上并没有简化太多，仍然很难一眼就看懂表格的内容。

因此，可以构建其他类型的频率分布进一步帮助我们理解诸如此类的数据。例如，首先对变量的数值进行分组，并列出各案例在每个组出现的频率，获得的结果被称为频率分布分组，表4-3和表4-4给出了例子。可以随意选择各种数值的组合，如果需要强调案例之间的细微差别，可选择含大量数值的组；如果只对广泛的区别感兴趣，可以使用含少量数值的组。这些组不需要具有同等规模，如果规模不同，就会造成混乱，所以除非有特别大的困难，否则应使用规模相同的组。组的明确性是绝对要求，对于一个案例应该属于哪一个团体，不应该有任何分歧。因此，应经常表明组名，如表4-3的0~199、200~399等，如果它们被表示为0~200、200~400等，那么200头猪的案例属于哪里，我们根本不清楚。

表 4-2　以猪的数量计埃塞克斯郡的频率分布（1086 年）

猪的数量（头）	第一列中拥有同样数量的猪的地区数
5	1
15	1
20	2
30	9
40	1
50	2
55	1
60	4
80	2
100	2
120	1
150	3
160	2
200	3
300	1
350	2
400	3
500	3
600	3
800	2
1000	1
1200	1

表 4-3　以猪的数量计埃塞克斯郡的频率分布组合（1086 年）

猪的数量（头）	地区数
0~199	31
200~399	6
400~599	6
600~799	3
800~999	2
1000~1199	1
1200~1399	1

表 4-4　以猪的数量计埃塞克斯郡的频率分布组合（1086 年）

猪的数量（头）	地区数
0~99	23
100~199	8
200~299	3
300~399	3
400~499	3
500~599	3
600~699	3
700~799	0
800~899	2
900~999	0
1000~1099	1
1100~1199	0
1200~1299	1

频率分布是一种重要的统计工具，第 5 章将更详细地讨论它的使用。现在，只需要简单地记住：频率分布表示数据的重新排列，其中的案例是根据变量的值来列出的。

（二）求和符号

在对定量数据的分析中，常会计算和使用数字的总和。通过数字的求和来获得总数，通常称为"和"，这会更熟悉一点，但必须编写诸如"计算变量值的和"之类的指令又常常显得笨拙。因此，有一个表示求和指令的符号是很有用的，并且可以在以后的计算中用来表示求和。

在求和符号中，希腊大写字母 $\sum$ 表示一些数字相加，而其他的项，放在字母的上面、下面和旁边，表示这些项的相加。例如，在表 4-1 中，如果将猪的数量列表看作一个由 X 表示的列向量，x_i 的取值范围从 x_1 到 x_{50}，可以将该列的和表示为：

$$\sum_{i=1}^{50} x_i = 11915$$

∑下面的项 $i=1$，表示 X 向量的下标 i，取值从 1 开始，然后取连续正整数值，2，3，4，5，等等。∑上面的项表示 i 的最终取值，在这个例子中是 50，因为表中有 50 种情况，而∑旁边的项 X 表示要求和的向量。如果我们愿意，可以改变∑上面和下面的项，以表明只是在计算列表的一部分。例如，如果想计算除瑞特、克拉夫林、法纳姆、利文霍尔以及未指明区域之外的数据，可以通过计算其他庄园的总和实现：

$$\sum_{i=5}^{48} x_i$$

这即是说 i 的初始值为 5，然后 i 取从 5 到 48 并包含 48 的连续的正整数值，因此就排除了列表中前四种情况和最后两种情况。

对于任意数量的情况列表，一个可行的通用指令是调用情况 N，并将求和指令写成：

$$\sum_{i=1}^{N} X_i$$

有时，我们希望得到整个矩阵的总和而不仅是一个向量的和。通常有必要以两种方式对数据集进行分类，形成如表 4-5 的数据矩阵。为了得到 1851 年大不列颠群岛的总人口，需要把矩阵中的所有元素加起来。

表 4-5 1851 年大不列颠群岛人口估计

	男性	女性
英格兰和威尔士	8809	9174
苏格兰	1379	1517
爱尔兰	3181	3333

资料来源：B. R. Mitchell and P. Deane, *Abstract of British Historical Statistics*（Cambridge, Cambridge University Press, 1962），p.8。

如果用以 Y 为内容的矩阵表示表 4-5 的数据，就会得到一个包含元素的矩阵，如表 4-6 所示。

表 4-6 1851 年大不列颠群岛人口估计

	男性	女性
英格兰和威尔士	Y_{11}	Y_{12}
苏格兰	Y_{21}	Y_{22}
爱尔兰	Y_{31}	Y_{32}

可以求矩阵 Y 中所有元素和：

$$\sum_{i=1}^{3}\sum_{j=1}^{2} Y_{ij}$$

其中第一个 ∑ 表示行，第二个 ∑ 表示列，矩阵 Y 有 *i* 行和 *j* 列。因此，完整的指令是计算矩阵中所有元素的和。求和的实际过程是从 *i*=1 和 *j*=1 开始的，如果矩阵为表格形式，则取左上角的元素 Y_{11}。把 *i*=1 和 *j*=2 的元素 Y_{12}，作为要添加的第二个元素，再返回第二行的开头，取元素 Y_{21}。换句话说，第二个 ∑ 的下标在第一个 ∑ 的下标的每个连续值内变化。

使用求和符号的目的是简化统计公式中的计算和数字和的计算。可以不用写"表 4-1 中列出的数字的总数"，而是

$$\sum_{i=1}^{50} X_i$$

将 X 定义为表 4-1 中的列向量后，实际上，求和符号通常会通过消除下标来做进一步的简化。例如，当我们想要使用向量 Z 的和时，可以简单地写成 $\sum Z$，而不是

$$\sum_{i=1}^{N} Z_i$$

但是，重要的是，为了不造成任何混淆，通常会使用下标。

应该注意的是，$\sum$ 在一个用括号括起的几个符号的项之前，表示该项中所有内容的求和，遇到 + 或 - 符号停止。例如，如果想要将 X 向量和 Y 向量中的等价元素相乘，结果相加，我们可以这样：

$$\sum_{i=1}^{N} X_i Y_i$$

这表明，i 取从 1 到 N 的每一个值，可以用 X_i 乘以 Y_i 并将结果相加。但是，如果想在这个和上加其他数字，比如 55，我们可以这样：

$$\sum_{i=1}^{N} X_i Y_i + 55$$

这表明我们想在 X 与 Y 向量的乘积总和上加 55，而不是 X_i 与 Y_i 相乘得到的每一项在加和之前都加 55，如果这样做的话，得到：

$$\sum_{i=1}^{N}(X_iY_i+55)$$

事实上,"+"表示求和到此停止。

我们可以像使用任何其他代数一样使用求和符号及其相关符号。因此可以写

$$K\sum_{i=1}^{N}X_iY_i$$

来表示,在计算出 X_i 乘以 Y_i 的积并把所有的积求和后,再乘以另一个量 K。统计工作中经常出现的进一步使用求和符号的例子是:

$$\sum_{i=1}^{N}X_i^2=(X_1^2+X_2^2+X_3^2+X_4^2+\cdots+X_{N-1}^2+X_N^2)$$

和

$$\left(\sum_{i=1}^{N}X_i\right)^2=(X_1+X_2+X_3+X_4+\cdots+X_{N-1}+X_N)^2$$

在这些例子中,省略号表示这之前、之间和之后的所有值都应该相加,在这两个例子中是 X_4^2 和 X_4 之前,直到列表的末尾 X_N^2 和 X_N。

(三)对数

很多统计方法涉及大量数字乘除以及平方与平方根的计算。数字越多越难处理,且数字与小数点的错位、简单的算术错误造成错误的可能性增加

了。虽然可以使用平方和平方根表，但是没有能够直接执行大量数字的乘法和除法的表。

为了克服大量数据处理的问题，我们使用了"对数"这一概念。对数对于大多数学过初等数学的读者而言，无疑是熟悉的。因为任何数学教科书都介绍了所涉及的概念和方法，所以只需要考虑它们的主要用法。统计学中有两种类型的对数：以10为底的对数和以e为底的对数，但我们只关注前者，它们使用起来更为方便。

为了找到数字的对数，可使用附录中重编的常规四位数表。我们采用数字前四位有效（即不带零）数字。例如，要计算104896.0的对数，取前四位数字，将第五位数字四舍五入，得到1049。我们通过数字的前两位在对数表中找到对应的行，在本例中是第10行。顺着这一行看，第三位数字4指的是以4为列首的四位数数列，而第四位数字9指的是以9为列首的一位或两位数列。第四列给出的值是0.0170，再加上列首为9的列下的值，得到0.0170+0.0037 = 0.0207。同样地，如果想计算1272的对数，将使用表格的第三行，得到结果0.1045。

然而，在求这些值时，我们只找到了这些数的对数的一部分（称为尾数）。此外，还必须考虑小数点的位置。要做到这一点，必须知道10（正如log是以10为底那样）的对数是1.0000。100（=10^2）的对数是2.0000,1000（=10^3）的对数是3.0000，依此类推。由此可知，10和100之间的数，其对数在1.0000和2.0000之间。具体是多少，要根据尾数确定，可根据前面给出的方法从log表格中找出。我们在计算中使用的对数由给出小数点位置的对数部分，即首数，和与小数点无关的对数部分，即尾数构成。表4-7显示了改变小数点位置的效果。

表 4-7 小数点位置对对数的影响

log 1272.0=3.1045	log 0.12720=$\bar{1}$.1045
log 127.20=2.1045	log 0.01272=$\bar{2}$.1045
log 12.720=1.1045	log 0.001272=$\bar{3}$.1045
log 1.2720=0.1045	log 0.0001272=$\bar{4}$.1045

要想知道小数点的位置，并因此确定对数的首数，最方便的方法是考虑小数点要移动的位数，其中小数点需要在其左边有一个有效数字之前移动。例如，在表 4-7 中，必须将数字 127.20 的小数点左移两位之后才能得到数字 1.2720。因此其首数是 2。类似地，对于小于 1.000 的数字，需要计算小数点必须右移的位数。在 0.0001272 的情况下，必须将小数点后移四位，因此首数为 $\bar{4}$。

在找到要用的数字的对数之后，就可以进行想要执行的算术运算了，稍后将描述这些运算。使用对数运算的结果本身就是对数，因此必须通过反对数表进行转换，才能得到最终结果（反对数表参见附录）。假设结果是对数 2.7127。我们参考反对数表第 71 行取尾数，然后转到第三个四位数的列，找到 5152；然后参考第七个一位或两位数的列找到 8，5152 + 8 = 5160。现在我们有了一个四位数，但需要利用对数首数给出的信息来确定小数点的位置，在这个数字中是 2。小数点左边为有效数字时，我们应该把小数点位置向右移动两位（如果这个首数是 $\bar{2}$，就把小数点向左移动两位）。得到的数字是 5160，因此位置从 5.160 开始，向右移动两位，得到 516.0。2.7127 的反对数是 516.0。

如表 4-8 所示，可以较容易地用表格形式列出对数运算过程。

应该注意的是，在对数的首数上加横杠，如 $\bar{2}$，这仅表明这个对数是一个小于 1.0000 的绝对值（没有加号或减号）。我们在处理对数运算时不考虑符号，只在运算结束时才考虑它们。因此可以用 274.6 乘以 –58.87，在计算中替换掉负号，只在最后给出结果的时候为 –16000.0。

表 4-8 对数的操作使用

操作	方法	例子
274.6 乘以 58.87	对数相加，取反对数	274.6×58.27 $=\log(274.6)+\log(58.27)$ $=2.4387+1.7654$ $=4.2041$ （取反对数）$=16000.0$
274.6 除以 58.87	对数相减，取反对数	$274.6/58.27$ $=\log(274.6)-\log(58.27)$ $=2.4387-1.7654$ $=0.6733$ （取反对数）$=4.8774$
274.6 的平方	对数乘 2，取反对数	$274.6^2=\log(274.6)\times 2$ $=2.4387\times 2$ $=4.8774$ （取反对数）$=75410.0$
58.87 开根号	对数除以 2，取反对数	$\sqrt{58.87}=\log(58.87)/2$ $=1.7654/2$ $=0.8827$ （取反对数）$=7.633$
0.9854 开根号 （小于 1.0000 的数字）	对数除以 2，取反对数	$\sqrt{0.9854}=\log(0.9854)/2$ $=\bar{1}.9936/2$ $=(\bar{2}.0000+1.9936)/2$ $=\bar{1}.0000+0.9968$ $=\bar{1}.9968$ （取反对数）$=0.9926$

使用对数是一种方便又快速的运算方法，有效数字超过四位的数字，在使用四位数表时精确性会有所降低，但是这无关紧要。当然，如果要求完全

精确，就不应该使用对数。本章节前三个部分讨论了所有需要了解的数学运算，以便读者理解其他内容。从本质上讲，历史学家如果想使用计量方法，就必须懂得加、减、乘、除，会计算平方、平方根，并使用简单的矩阵求和符号。如果不确定计算能力，那么可以使用第 10 章描述的一种机械辅助工具，对于乘法、除法、平方和平方根这些运算，可以利用对数表。如果计算器不可用，对结果的精准性要求又不高，那么也可以使用计算尺。

一般来说，方法的选择取决于所进行操作的类型和所要求的精确性。如果要求绝对精确，则必须使用手工方法或有能力处理大数据的机器；如果截短至四个有效数字，或者可以接受使用的计算尺精确度不确定，则可以使用对数、平方根表和计算尺。

5 数据初步分析，Ⅰ：频率分布图

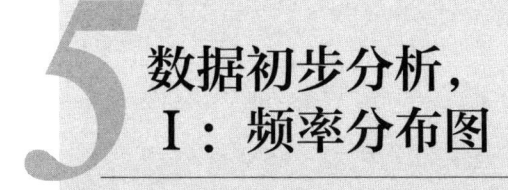

一旦数据收集完毕，并按前几章所述的方式进行整理后便可以进入分析阶段了。

在定量分析的最初阶段采取的方法因对象而异，也因人而异，但可以肯定地说，在研究的初期阶段，历史学家很可能需要使用描述性统计方法。描述性统计是指那些主要涉及数据的组织和表达的统计方法，它们有时会与其他方法形成对比，称为分析性统计，但实际上这样的区分方式是错误的，本书将不会使用。下文将要运用的描述性统计方法与其他更先进的统计方法一样，都是数据分析的一部分。

描述性统计的功能是促进对定量材料的理解。它们既可以帮助历史学家将分析进行下去，也可以帮助读者理解分析的结果，在这两种情况下，其目的都是加深理解。既然如此，必须根据描述性统计在多大程度上增进了理解来判断其作用；因此，使用描述性统计的方法没有对错之分，尽管本章后面讨论的几种使用方法可能会误导不明真相的人。诚然，有些描述性统计方法只适用于特定类型的数据。例如，如果数据是序数型或名义型的，就不能计算平均数。但是，除了这些例外情形外，为了更清楚地阐明我们最感兴趣的数据的特征，应该选择描述性统计作为呈现材料的方法。

应该强调的是，描述性统计方法不仅在得出结果时有用，而且在分析的每个阶段都有用。仅仅花几分钟的时间，画一张图，就会显示数据的某些方面特征，而这些方面特征在历史学家仅仅盯着一张数字表时很难显示出来。

表5-1列出了数据收集后未进行任何重新排列或统计工作之前的数据表的典型部分。表5-1所示的数据集包含了1907年组成英国商船队的25艘船的信息，每艘船都以其"官方编号"（每艘船唯一的识别号码，显示在其号牌上）来识别。表5-1中给出的栏目包含了每一种情况的标识、两个定类变量和两个定距变量。表中没有任何定序变量，定序变量在历史研究工作中很少出现，因此没有必要详细考虑它们。每当一种特定类型的统计方法适合于

定序变量时，都会提到这一事实，而关于定序变量的更详细的讨论可以在社会科学家们的统计学教科书中找到。

（一）频率分布

在第 4 章中，我们介绍了最广泛使用的描述性统计方法，即频率分布。需要说明的是，频率分布主要是将数据表或表格的个别列重新排列，从而使其所含信息更容易理解。重新排列可能只是以一种新的方式对个案进行排序，也可能是根据个案对某一个或其他变量特征的价值进行分组。频率分布可根据定类变量、定序变量和定距变量创建，作为例子，将使用关于驱动方式（定类变量）和船员人数（定距变量）的数据。

表 5-1 25 艘英国商船（1907 年）

官方编号	贸易地	驱动方式	吨位	船员人数
1697	国内	不详	44	3
2640	国内	不详	144	6
35052	国内	不详	150	5
62595	国内	帆	236	8
73742	国内	蒸汽	739	16
86658	国内	蒸汽	970	15
92929	海外	蒸汽	2371	23
93086	国内	蒸汽	309	5
94546	海外	蒸汽	679	13
95757	国内	帆	26	4
96414	海外	蒸汽	1272	19
99437	海外	蒸汽	3246	33
99405	国内	蒸汽	1904	19
107004	国内	蒸汽	357	10
109597	国内	蒸汽	1080	16
113406	国内	蒸汽	1027	22
113685	国内	不详	45	2

续表

官方编号	贸易地	驱动方式	吨位	船员人数
113689	国内	不详	62	3
114424	国内	帆	68	2
114433	海外	蒸汽	2507	22
115143	海外	帆	138	2
115149	国内	蒸汽	502	18
115357	国内	蒸汽	1501	21
118852	海外	蒸汽	2750	24
123375	国内	蒸汽	192	9

资料来源：船员和海员登记长持有的船员名单。

驱动方式在数据表中的第三列，是一个定类变量，它可以取三个值中的一个，分别代表驱动方式是蒸汽、帆或不详。因此，要根据这个变量构建一个频率分布，只需统计每一种动力在数据表的第三列出现的次数，并将结果输入一个新的表格，如表5-2所示。

表5-2 表5-1中第三列数据的频率分布

驱动方式	船只数量
帆	4
蒸汽	16
不详	5
总计	25

请注意，表5-2的标题指明了数据来源。为了帮助读者准确理解，我们还提供了案例总数。

对于定距变量——船员人数（表5-1第五列），理论上具有非常多的可能值，而驱动方式只有三种可能性。

这一时期的一些船只有几百名船员，但在我们收集的样本中，船员人数恰好从2人到33人不等，因此可以将频率分布限制在这些数值上。虽然有这个限制，如果模仿表5-2的方法，也应该有一个包含32个可能值的表，其中大部分在第二列有一个为零的条目。因此,为了简化和压缩频率分布,我们将这些值分组,并计算每组中的案例数,得出的结果如表 5-3 所示。

请再次注意,表 5-3 的第一列列出了各个组,这样就不可能对某一例子应属于这一组还是另一组产生混淆,如果将各组列为 0~5、5~10、10~15 等,则会产生这种混淆。

相比于表 5-1 的数字,通过构建表 5-3,我们能对数据有一个更清晰的认识。当然,还可以构造其他类型的频率分布,用以阐明数据的特征。还有一种流行的频率分布类型适用于所有类型的数据,那就是百分比频率分布。在这样的表中,频率不是以绝对数,即每个频率出现的次数来表示,而是以占总例数的百分比来表示。表 5-4 和表 5-5 显示了这样的百分比频率分布。在每一种情况下,表中的项目总数均为 100。

表 5-3 表 5-1 中第五列数据的分组频率

船员人数	船只数量
0~4	6
5~9	5
10~14	2
15~19	6
20~24	5
25~29	0
30~34	1
总计	25

表 5-4 表 5-1 中第三列数据的百分比频率分布

驱动方式	占船只总数的百分比
帆	16
蒸汽	64
不详	20
总计	100

构建百分比频率分布必须要慎重。百分比本身是一种描述性的统计方式，但如果案例总数很少，往往会产生误导，即频率的极小差异就会因为转换成百分比而被放大。因此，在采用这一方式时，应该像表5-4和表5-5那样，列出案例总数，使读者能进行换算绝对数的操作。

表 5-5　表 5-1 中第五列数据的分组百分比频率分布

船员人数	占船只总数的百分比
0~4	24
5~9	20
10~14	8
15~19	24
20~24	20
25~29	0
30~34	4
总计	100

尽管只适用于定序和定距变量，但频率分布的子类型——累积频率分布和累积百分比频率分布有时也很有用。当需要知道有多少案例在特定值之上，有多少案例在特定值之下时，它们是有用的。表5-6和表5-7给出了一些例子。

表 5-6　表 5-1 第五列数据的累积分组频率分布

船员人数	船只数量
0~4	6
5~9	11
10~14	13
15~19	19
20~24	24
25~29	24
30~34	25

表 5-7　表 5-1 第五列数据的累积分组百分比频率分布

船员人数	占船只总数的百分比
0~4	24
5~9	44
10~14	52
15~19	76
20~24	96
25~29	96
30~34	100

请注意，表 5-6 和表 5-7 中没有给出总数字，这是因为根据定义，频率一栏的最后一个数字必须是案例总数，如果是百分比，则应当是 100。

（二）交叉分类

到目前为止，我们已经讨论了使用频率分布来总结数据表中一列或其他列数据的方式。也可以用类似构建频率分布的方法对数据进行处理并制表，但这一方法将使用不止一列的数据。使用这一方法得出的结果称为交叉分类。

表 5-8　表 5-1 第三列与第四列的交叉分类

驱动方式	吨位
帆（4 艘船）	468
蒸汽（16 艘船）	21406
不详（5 艘船）	445
总计（25 艘船）	22319

表 5-8 列举的是最简单的交叉分类法,即将一个定类变量(驱动方式)与一个定距变量(吨位)进行分类。表 5-8 有时会被描述为第三列与第四列的形式。

也可以对表 5-1 中的所有变量进行类似的交叉分类,然后将其结果根据所涉及的数据类型和每个变量的可能值的数量以不同的表格形式呈现。表 5-9 显示的则是所谓的列联表,表中的条目显示的是案例发生的次数,其数值由页边标题表示。因此,可将列联表视为以两种或两种以上方式进行分类的一种频率分布方法。

表 5-9　表 5-1 第二列和第三列

驱动方式	贸易去向		
	国内	海外	总计
帆	3	1	4
蒸汽	10	6	16
不详	5	0	5
总计	18	7	25

正如可以利用百分比频率分布一样,也可以构建百分比列联表,比如表 5-10。在表 5-10 中,表 5-9 中的每个条目都被表示为船只总数的百分比。如果希望揭示数据的具体特征,也可以构建百分比表,其中的条目不是作为总人数的百分比(在本例中为 25)来计算,而是作为某组内案件总数的百分比来计算。表 5-11 就是使用这种方法的一个例子。

在表 5-11 中,表中的条目已表示为列总数的百分比,但没有给出行总数,主要是因为它们毫无意义。也可以计算行总数的百分比,而不给出列总数。需要注意的是,进行除法运算和四舍五入使第一列的总数略大于 100。

当然，也可以编制表格，对三个或更多变量的数据进行汇总，但这样做的风险在于，表格将与原始数据一样模糊不清或难以解释。因此，除非有一些非常具体的理由，否则表格应仅限于运用一个或两个变量的数据。

表 5-10　表 5-1 第二列和第三列的百分比

驱动方式	贸易去向		
	国内	海外	总计
帆	12	4	16
蒸汽	40	24	64
不详	20	0	20
总计	72	28	100

表 5-11　表 5-1 第二列第三列的列式百分比

驱动方式	贸易去向	
	国内	海外
帆	16.67	14.29
蒸汽	55.56	85.71
不详	27.78	0.00
总计	100.01	100.00

表 5-2 至表 5-11 都是在事先未评价不同表格方法的优劣，也未评价每种列表方法所显示的数据的具体特征的情况下制作的。但应该明确的是，每一种方法都揭示了数据的不同侧面，例如表 5-4 显示，近 2/3 的船只是由蒸汽驱动的。表 5-7 显示一半以上船只的船员人数少于 15 人。所有这些方面的数据对航运史研究者来说都是有价值的，没有哪一个数据仅通过表

5-1的原始数据表就能立即看出来。因此，选择使用哪种表格方法取决于要探讨数据的哪一方面（在一定程度上取决于数据是定序型的还是定距型的）。

（三）图表

在本章中，我们集中讨论了使用表格方法来呈现数据的问题。值得注意的是，还有一些其他的数据呈现方式，比如某种形式的图表。很多人发现，如果以某种方式将数据绘制成图表，就会更容易理解数据的含义，因此，描述性统计的图表方法在分析结果的最终呈现中往往发挥巨大的作用。此外，历史学家面对定量材料，在分析的初步阶段以图表的形式呈现结果可能会有所收获。通过这种形式表达，数据可能会显示出意外的形式，也可能催生进一步分析的想法。

显示定类变量（如果需要，还可以显示定序和定距变量）的最常见方法之一是使用条形图，如图5-1所示。在该图中，航运实例中关于船只驱动方式的数据以条形图的形式呈现。被称作柱状图的条形图彼此之间完全分开，以此强调是在绘制定类变量图，各个类别之间没有任何序数或区间关系。一方面，由于它们是正在绘制的定类变量，沿着水平轴的条形图的顺序并不重要；它们可以在不丢失或不改变所包含的信息的情况下进行调整。另一方面，如果绘制的是定序变量，那么按照类别或变量的顺序沿轴线排列条形图，虽然不是绝对必要的，但也是一种常规的做法。还需要注意的是，对案例进行分类的变量（图5-1中的驱动方式）是沿着图的横轴绘制的。如果将条形图沿着纵轴排列以显示分类变量，也不会有什么问题，如图5-1所示的那样。

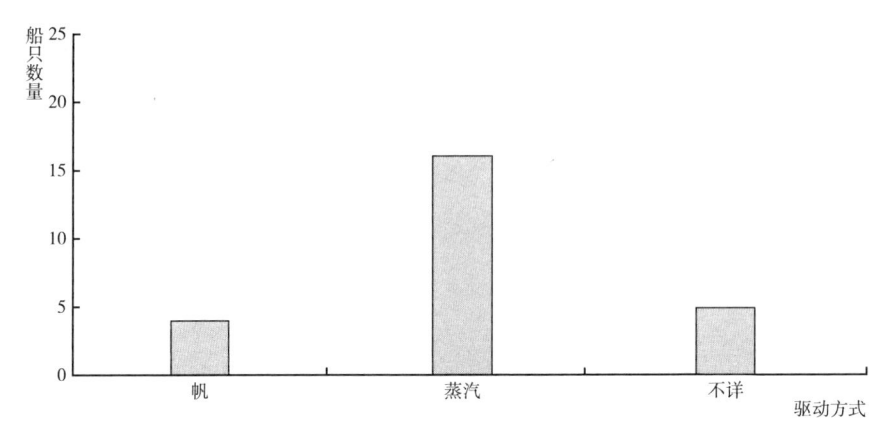

图 5-1　表 5-1 第三列数据的条形图

如果将定距变量绘制成图，可以用柱状图的形式来呈现，但通常的做法是用直方图来呈现，如图 5-2 所示。由于有定距变量，所以数据值并没有像图 5-1 那样分开，而是沿着水平轴依次显示。在这种情况下，分类变量"船员人数"的差异值不仅像在柱状图中那样通过条形的高度来显示，而且通过以它们为中心的列的面积来显示。因此，十分重要的一点是直方图的每一列的宽度应该相同，以便面积与所呈现的频率成比例。如果不这样，就会给

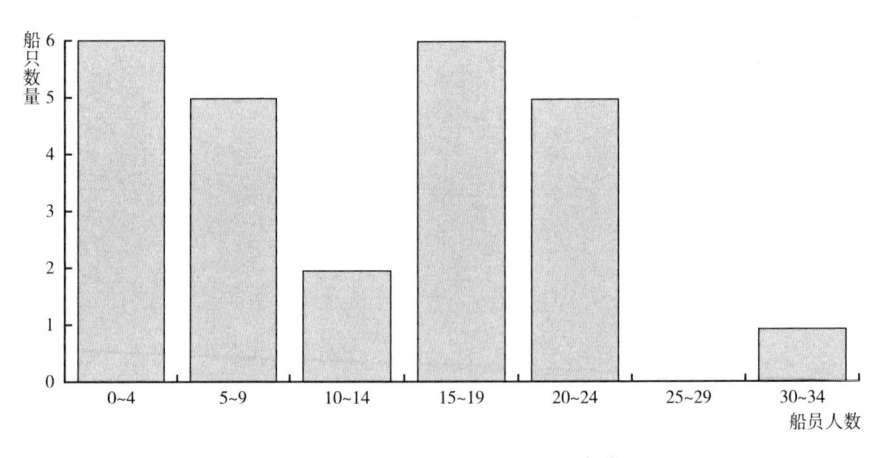

图 5-2　表 5-1 第五列数据的直方图

人带来误导。

定距变量也可以用图来表示。例如，图 5-3 显示了如何绘制表 5-1 中的船员规模数据。取船员规模的组别，也就是数据分类的变量沿横轴显示，船员规模组别出现的频率沿纵轴显示。这种图形实质上是简单的分组或不分组频率分布的图形式。

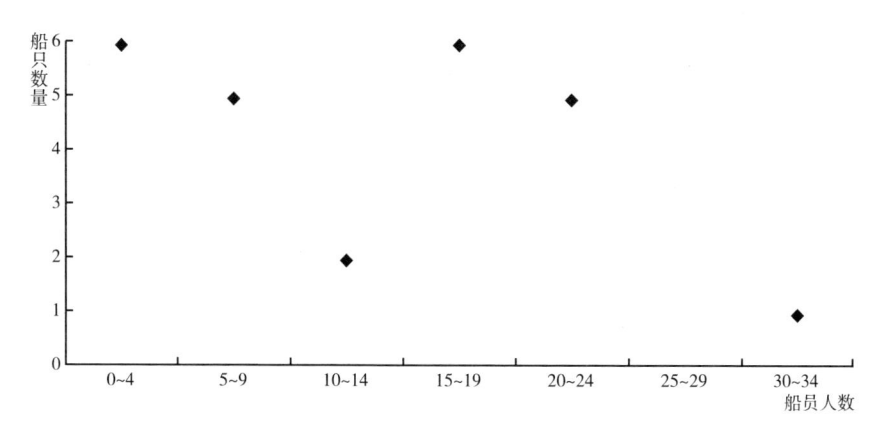

图 5-3 表 5-1 第五列的数据图

在绘制定距变量图时，图形的形式通常也会稍稍改变，将图形上的点连接起来形成的图形被称为折线图。一方面，理论上来说，只需要把图上的点连接起来，从而使正在绘制的变量呈现一个连续的形态，如果假定该变量实际上是连续的，理论上可以取任何值。这是在拥有科学数据的情况下经常可以做出的假设。比如，温度是这种类型的变量，距离也是如此。另一方面，大多数历史数据不是连续的，而是离散的，数据的估算是分步进行的。例如，如果测算人口数量，必须始终以人的倍数来计量，不能像测量温度的度数或距离的公里数那样对人进行细分。此外，许多历史数据虽然在理论上是连续的，但由于计量的不精确性，其实际情况并非如此。这方面的一个例子是人的年龄，直到现在，我们也很少知道所研究的人的年龄，尽管理论上如果有更多的信息，其实是可以这样做的。

由于大多数历史数据无论在理论上还是在实践中都不是上述意义上的连续数据，因此，我们通常不使用折线图。

然而，在实践中使用折线图可以帮助我们更好地进行理解，因此可以使用折线图，但要时刻记住不能把数据当作连续的数据来处理。以图5-4为例，这是一个基于图5-2的折线图。先看一下横轴上标有5~9的点，它也位于垂直轴上标记为5的点的水平线上。显然，A点表示有5艘船，船员人数分别为5、6、7、8或9人。图中的B点与A点位于同一水平线上，但它位于水平轴上标有10~14和15~19的点之间的一条垂直线上。因此，它并不代表图上显示的船员人数的基本分组频率分布中的任何一组。我们不能说5艘船的船员人数在10~14和15~19之间，因此B点毫无意义。

折线图对历史学家在表述以时间为顺序的数据时特别有价值，因此需要重新审视它们。

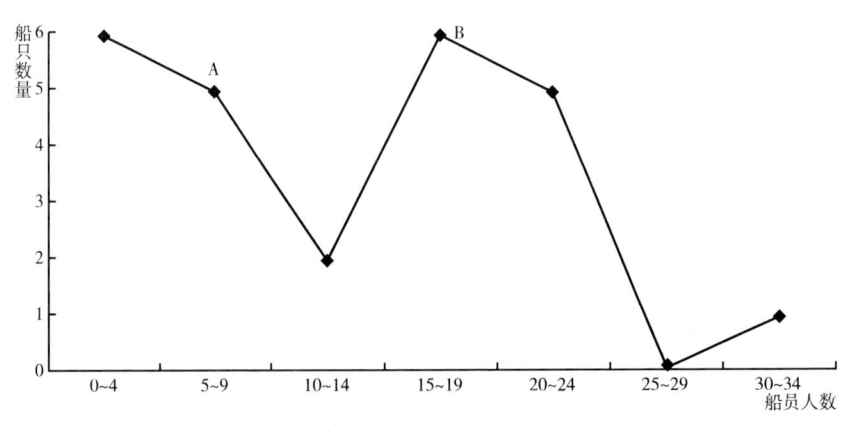

图 5-4　表 5-1 第五列数据的折线图

当数据为定序型或定距型时，还可以利用图形方法来显示交叉分类的结果。可以通过构建一个散点图来实现，这在统计分析中十分重要。图 5-5 就是这样一个散点图，显示了船只吨位和船员人数的交叉分类。图上的每个点代表一艘船，这些点在图上的位置是根据该船在横轴上的变量——吨位，和纵轴上的变量——船员人数上的数值来确定的。在这种情况下，由于涉及两个变量，因此哪个代表横轴，哪个代表纵轴的问题并不重要。

有些一般性的原则适用于图形的绘制，忽视这些原则可能会导致严重的谬误。图 5-6 展示了如何通过延长或缩短图形的两个轴以一种加强或是削弱波动的误导性方式展示数据，为了避免这种情况，通常的做法是将图形的垂直轴设定为水平轴长度的 2/3。而另一个准则在于要一直将图形中的零点呈现出来，并且沿着轴线清楚地标明间隔。一般来说，在构造图形的时候，应该把要强调的数据特征清晰地表现出来，不能误导读者。

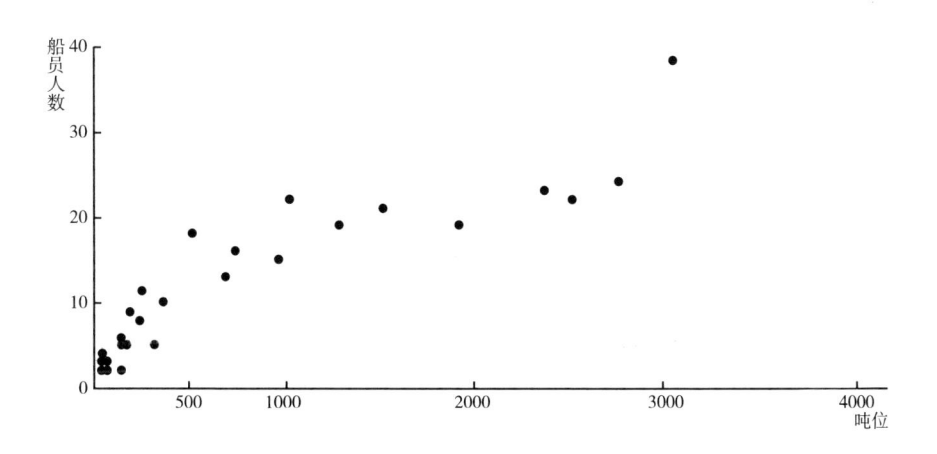

图 5-5　表 5-1 第四列、第五列数据的散点图

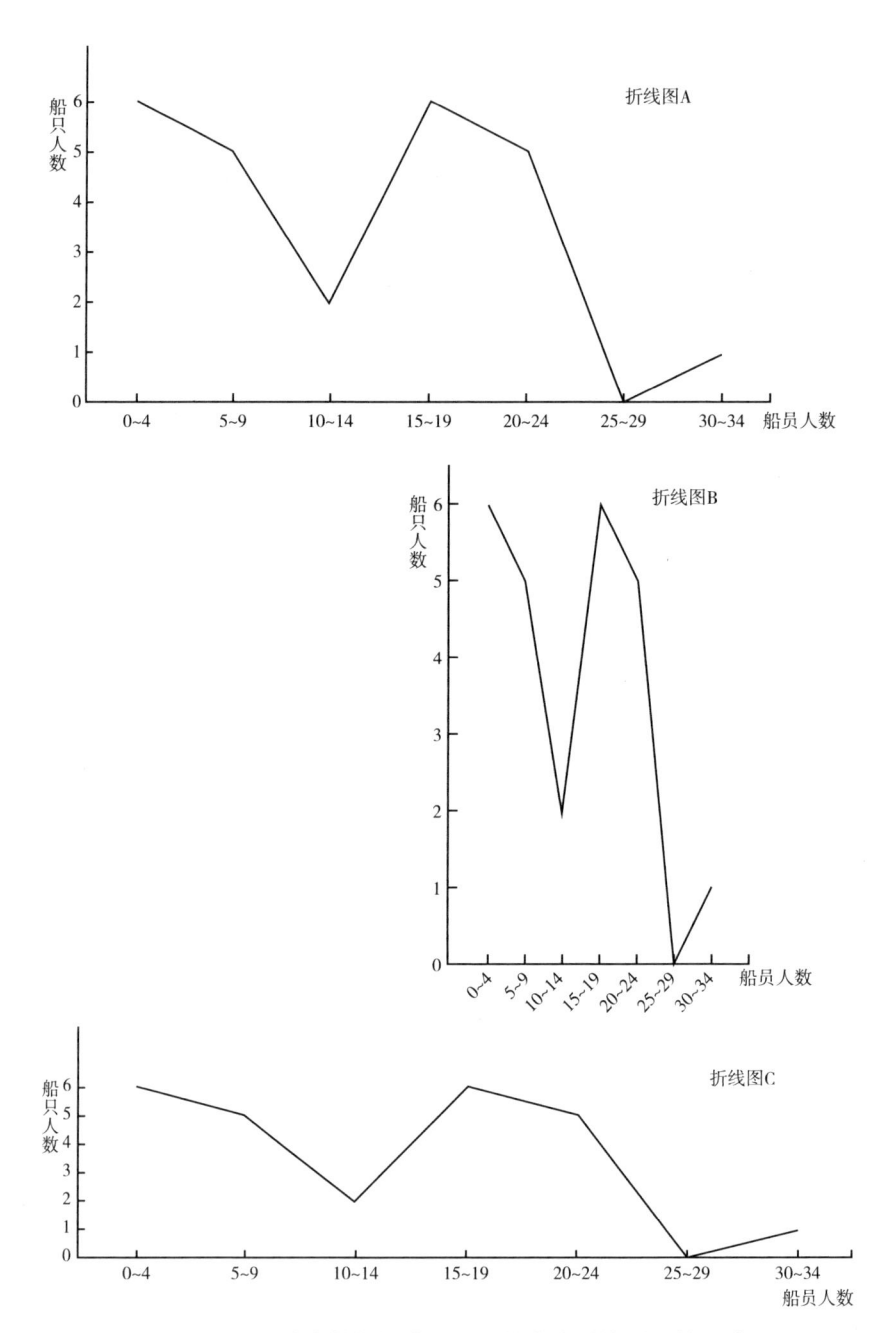

图 5-6　改变轴的长度和间隔的宽度对线型图的影响

（四）比例尺图表

在上一节所述的所有图表中，标尺的构造是为了使每个类别在横轴和纵轴上都有相等的间隔。以表 5-12 和图 5-7 为例，它们代表了 1770~1800 年英国原棉的进口情况，1772 年进口的原棉重量为 5307000 磅，而 1773 年的进口量为 2906000 磅——一年间下降了 2401000 磅。到了后期，即 1790~1791 年，进口量从 31488000 磅下降到 28707000 磅——这一数值下降了 2781000 磅。在两种情况下，绝对降幅相似，分别为 2401000 磅和 2781000 磅，因此，在图 5-7 的垂直刻度上，它们呈现的降幅几乎相等。

表 5-12　1770~1800 年英国进口的原棉（按重量计算）

年份	进口量（千磅）	年份	进口量（千磅）
1770	3612	1786	19475
1771	2547	1787	23250
1772	5307	1788	20467
1773	2906	1789	32576
1774	5707	1790	31488
1775	6694	1791	28707
1776	6216	1792	34907
1777	7037	1793	19041
1778	6569	1794	24359
1779	5861	1795	26401
1780	6877	1796	32126
1781	5199	1797	23354
1782	11828	1798	31881
1783	9736	1799	43379
1784	11482	1800	56011
1785	18400		

资料来源：B. R. Mitchell and P. Deane, *Abstract of British Historical Statistics*（Cambridge, Cambridge University Press, 1962），pp.177-178。

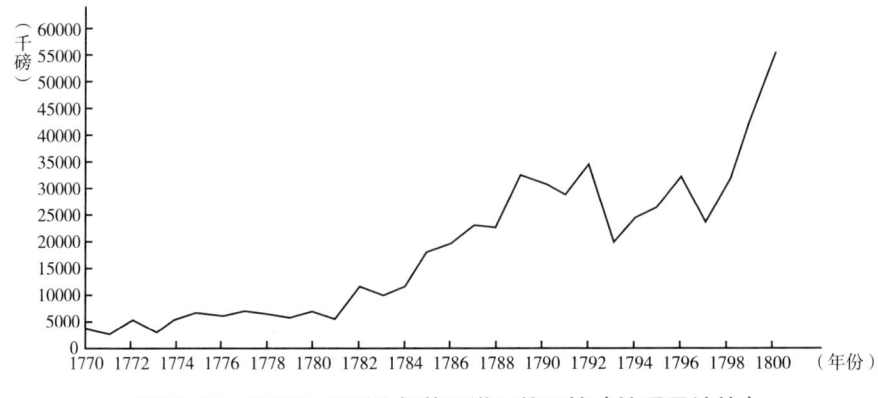

图 5-7　1770~1800 年英国进口的原棉（按重量计算）

然而，在历史研究中，我们感兴趣的往往不是这两个时期之间的绝对变化，而是相对变化。特别是当面对英国工业革命这样一个变化迅速的时期时，或者是当研究棉花加工业迅速发展对英国工业的推动时，更是如此。一般来讲，人们经常考察相对的增长、比例或百分比的变化，并比较不同时期的百分比变化，例如，如果以 1772~1773 年和 1790~1791 年的棉花进口量为例，就会发现，1772~1773 年，进口量的下降幅度是 45.24%，在 1790~1791 年，进口量的下降幅度仅为 8.83%。我们不能从图 5-7 中得到这样的信息，因为无论百分比的变化是多少，这样的图所表示的绝对变化是相等的。因此，如果对用图形表示百分比变化感兴趣，就需要找到另一种形式的图形。事实上，需要一个更容易构建的图形，它给了我们沿轴的变量值（通过这样的方式，可以在需要时计算绝对变化），其中比例的百分比变化在图形的刻度上表示为相等的距离。这可以通过使用比例刻度来实现，而且通常是基于对数的。

从第 4 章可以看出，以 10 为基数的对数具有这样的性质：10 的对数是 1.0000，100 的对数是 2.0000，1000 的对数是 3.0000。因此，从 10 上升到 100，或者说上升到 10 倍，代表的是对数从 1.0000 上升到 2.0000，差值为

1.0000。同样，从 100 上升到 1000，或者说上升到 10 倍，代表的也是对数的差值为 1.0000，尽管从 100 到 1000（1000-100=900）的绝对变化比从 10 到 100（100-10=90）的绝对变化大得多。

因此，对数具有我们需要的特性，即相等的比例变化可以用对数中相等的绝对变化来表示。如果把表 5-12 中的每一个数值都转化为对数形式，并把结果绘制在一个以纵轴显示对数的图形上，就可以达到表示比例变化的目的。图 5-8 就是这样一个图。

然而，将表 5-12 中的每个值转换成对数还是很麻烦的操作，而且这样就不能在图上显示原始值了。为了能够在图上找到原始值，需要使用反对数表。不过，这些困难其实是可以避免的，可以用一个比例尺来表示图形，比如图 5-9 中的比例尺，其中比例尺上的值是原始值，比例尺上各点之间的距离代表了数字与对数之间的差异。例如，我们看到，在 500 万和 750 万之间，比例增加了 50%，比例尺上的距离与 1000 万和 1500 万之间的距离是一样的，都增加了同样的比例。

虽然构建这种类型的比值表很容易，不过购买印有对数刻度的图形纸要简单得多。然而，在购买这种纸之前需要事先知道期望显示的数值范围。对数是按周期排列的，从 1.0000 到 2.0000 是第一个周期，从 2.0000 到 3.0000 是第二个周期，依此类推，图纸是为表示一个、两个、三个或更多周期而设置的。如果我们希望在图上包括诸如从 3 到 1750 的数据，购买图纸需要设置四个周期。1~10（对数 0.0000 至 1.0000），10~100（对数 1.0000 至 2.0000），100~1000（对数 2.0000 至 3.0000）和 1000~10000（对数 3.0000 至 4.0000）。

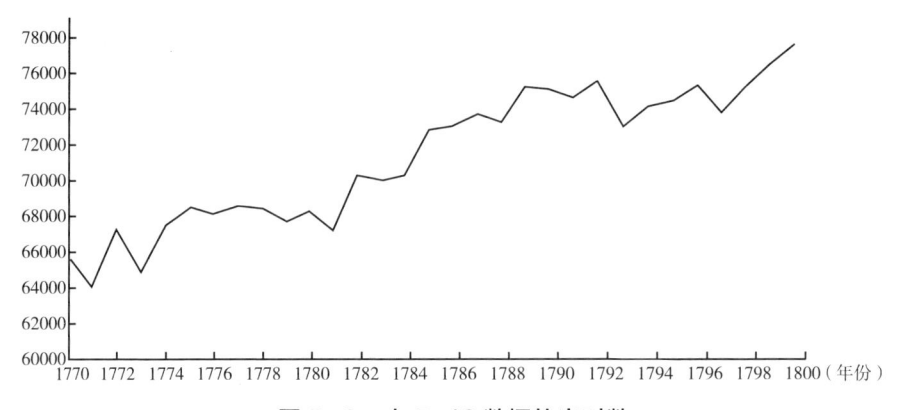

图 5-8 表 5-12 数据的半对数

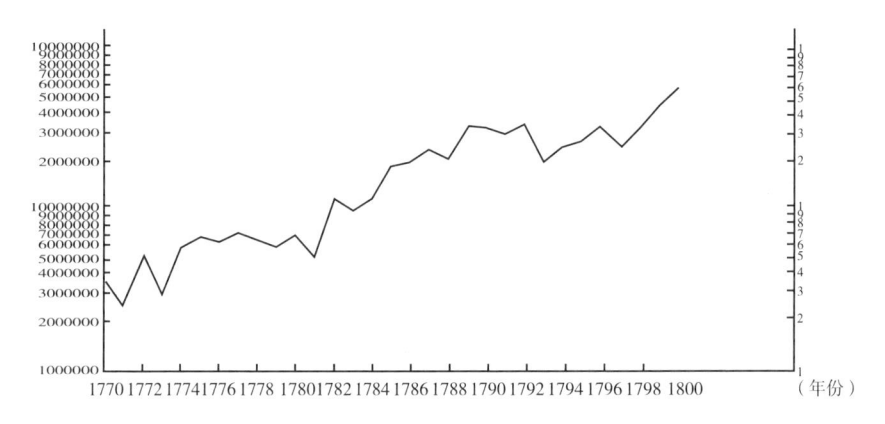

图 5-9 在图纸上绘制的表 5-12 中数据的散点图

还应注意的是，图 5-8 的正确名称是半对数图，这是因为只有一个轴绘制在对数图上，也只有一个轴绘制在对数标尺上。通常情况下，将两个变量对立起来绘制是没有意义的，为了研究每个变量的比例变化，可以将两个标尺都绘制在对数图上，这种类型的图纸也可以买到。

解释半对数和对数比例图时需要多加注意，因为我们的眼睛习惯于等比例间隔的图形。应当把注意力集中在图上两点之间的线的斜率上，斜率越陡，则比例增加越快。我们将在第 7 章讨论时间序列数据时，再回到对数图和相关的对数变换的进一步使用上来。

6 数据的初步分析，II：概括性指标

在第 5 章中，我们审视了对原始数据表进行重新排列并增进对数据所包含信息的理解方法。虽然在构建分组频率分布时，我们做了一些汇总数据的尝试，但并没有深入进行下去，只是将数据分成了较少的几类。这种方法不能走得太远，因为随着频率分布中组数的减少，数据会逐渐失去意义。因此，如果只想找到一个能充分概括数据的数字，就不可能使用频率分布，只有一个组的频率分布只能提示数据矩阵中的案例数。

因此，本章将总结运用不同类型数据的其他方法。应当指出的是，我们将从适用于定距变量的方法开始，然后再讨论定序变量和定类变量的概括性指标。

（一）算术平均数

算术平均数是一种能让我们计算出一个数字来代表或总结整组数字的方法。算术平均数作为"平均数"更为人熟知，但这是一种误导性的描述，除此之外还有其他的平均数，下面将讨论到它们，所以最好是精确地使用"算术平均数"一词。这种计量方法只能用于定距变量。

算术平均数的计算方法很简单，就是把列表中的数字相加，然后除以项目数。以表 6-1 的数据为例，表中给出的猪总数为 11915 头，有 50 个项目，那么算术平均值为 11915/50=238.3 头猪。我们可以很容易地用求和符号来表示这个计算过程，用等式 X 表示向量 $\bar{X}$ 的平均值：

$$\bar{X} = \frac{\sum_{i=1}^{N} X_i}{N}$$

（可能有人会反对说在表6-1的数据中猪的数量似乎总是被做了四舍五入处理。这种情况可能会给平均数的计算带来误导，但如果仅是四舍五入，而不是在更大的区间处理数据，误差可能非常小，平均数的计算方法是可以接受的）。

计算某些数据的平均数往往很方便，只需要从重新排列成频率分布的数据着手，而不需要原始数据。这种计算工作稍微复杂一些，虽然有一些额外工作，但因为案例数量少，也是可以接受的。用频率分布法计算平均数时，将频率分布的每一个值乘以它出现的频率，将结果相加，再将总和除以原始数据中的案例数，我们以表6-2的数据的平均数计算为例，制作表6-1，其结果为238.3，与使用原始数据取得的结果完全相同。在一般情况下，频率分布的平均数由公式

$$X = \frac{\sum_{i=1}^{k} f_i X_i}{N}$$

得出，其中 X_i 是变量的值，f_i 是这些值出现的频率，k 是组数，N 是频率分布所包含的案例数。

表6-1 从频率分布中计算平均值

猪的数量（X_i）	出现的地区数量（f_i）	$f_i X_i$
5	1	5
15	1	15
20	2	40
30	9	270
40	1	40
50	2	100
55	1	55

续表

猪的数量（X_i）	出现的地区数量（f_i）	$f_i X_i$
60	4	240
80	2	160
100	2	200
120	1	120
150	3	450
160	2	320
200	3	600
300	1	300
350	2	700
400	3	1200
500	3	1500
600	3	1800
800	2	1600
1000	1	1000
1200	1	1200
	N=50	11915

$$\frac{\sum_{i=1}^{k} f_i X_i}{N} = \frac{11915}{50} = 238.3$$

其中，k 为组数。

在表4-2中，每个地区的猪的数量以频率分布的形式呈现，但没有对数据进行汇总。在表4-3和表4-4中，数据被分组或分类，因此这种频率分布被称为分组频率分布。当需要从分组频率分布中计算平均值或其他统计量时，或者需要从这类分组频率分布中计算平均值或其他统计量时，需要采用不同的程序，该程序需要考虑到所呈现的不是真实的数据，只是它们所属的组别。

为了从分组数据中计算平均数，假设每一个案例都落在其所在组的中点。为了计算这个中点，必须仔细观察所使用的分组方法。例如，在表 4-4 中，我们把分组说明为 0~99 头猪、100~199 头猪，依此类推。这样做的时候，并没有考虑如果遇到一个拥有 99.7 头猪的地区时该怎么做的问题，当然，一般不需要考虑这种可能性，因为 0.7 头猪并不是一个有意义的数量。但是，如果使用的是其他数据（例如多米斯登地区的土地面积数据），我们可能会找到一个面积为 99.7 英亩的地区，而将这样的地区归入任何一组都会有问题。通常情况下，我们会将数字进行四舍五入，使其变为最接近的整数，这样 99,99.1,99.2,99.3 和 99.4 英亩的地区将被分配到第一组，即 0~99 英亩，而 99.5,99.6,99.7,99.8 和 99.9 英亩的地区将被分配到 100~199 英亩的组。因此，任何低于 99.5 英亩的土地将被分配到较低的组别，任何超过 99.5 英亩的土地（以及正好是 99.5 英亩的土地）将被分配到较高的组别。因此，虽然表 4-4 中的组在 0~99 和 100~199 间分布，但实际上它们横跨了 -0.05 到 99.5 和 99.5 到 199.5，依此类推。由于这个原因，这些组的极限值被称为"真极限"（与"声明极限"相对），正是这些"真极限"可以用于计算分组频率分布中的组的中点。如果回到表 4-4 中的数据，可以重复这个表，显示"真极限"、"声明极限"以及各组的中点。表 6-2 显示了从这种分组频率分布中计算平均值的方法。

如表 6-2 所示，从分组频率分布计算算术平均值，得到的结果是 263.0。从整个原始数据中得到的结果是 283.3。正确的算术平均数 283.3 和分组数据计算出的平均数 263.0 之间的差异，就是我们通过使用更方便的分组频率分布而付出的最终结果不准确的代价。从原始数据得到的均值与从分组数据得到的均值相差的距离，取决于实际数据与所选组的中点相差的程度和方向。这就强调了选择适当组别的重要性，特别是在需要使用分组数据进行计算时。

表 6-2 从分组频率分布计算算术平均值

猪的数量（规定的限度）	猪的数量（实际的限度）	组的中点 m_i	样本数 f_i	$m_i f_i$
0~99	-0.05~99.5	50.0	23	1150
100~199	99.5~199.5	150.0	8	1250
200~299	199.5~299.5	250.0	3	750
300~399	299.5~399.5	350.0	3	1050
400~499	399.5~499.5	450.0	3	1350
500~599	499.5~599.5	550.0	3	1650
600~699	599.5~699.5	650.0	3	1950
700~799	699.5~799.5	750.0	0	0
800~899	799.5~899.5	850.0	2	1700
900~999	899.5~999.5	950.0	0	0
1000~1099	999.5~1099.5	1050.0	1	1050
1100~1199	1099.5~1199.5	1150.0	0	0
1200~1299	1199.5~1299.5	1250.0	1	1250
			$N=50$	13150

$$X = \frac{\sum_{i=1}^{k} m_i f_i}{N} = \frac{13150}{50} = 263.0$$

平均数很容易计算，而且与将要讨论到的其他简易测量法相比，它的优点是不仅考虑了项目的数量，还考虑了每个项目的值。而算术平均数的缺点则在于因为它囊括了每一个数值，所以它可能会因为一个极端值的存在而受到很大的影响。

以表 5-1 第四列的数据为例，该列列出了 25 艘商船的吨位。这些船只的总吨位，ΣX_i，在表 5-8 中计算为 22319 吨。除以 $N=25$，则算术平均吨位为892.76吨。然而，有一艘超过500吨的船（官方编号为99437），其吨位比其他任何一艘都要大。如果将这艘船从平均吨位计算中剔除，总吨位将减少到19073吨，平均吨位为794.71吨。因此，将这艘船包括在内，大大影响了平均数。同样，将26吨的第95757号小船包括在内，也会使平均吨位下降。

基于这一部分的原因，需要将平均值和算术平均值的数据范围通过某种方式联系起来，因此接下来将考虑这样一种方式，即标准差。

平均值无疑是总结定距变量最简单、最方便的方法。它的目的是将注意力集中在一组数据中通常被称为"中心倾向"的方面。在最简单的情况下，当要对两个数字进行总结时，可以想象有一根绳子，在上面做了两个记号，代表这两个数字，然后用第三个标记代表平均数，集中放在另外两个记号之间，如图6-1所示，原有的数字显示为A和A'，而平均数显示为$\bar{X}$。

我们可以考虑一下，如果在弦上再做两个记号，B和B'，在相反的方向上与A和A'的距离相等，会发生什么情况，这样就可以看出使用平均数作为总结性方法的主要困难。现在试着找出B和B'所代表的数字的平均数，由于已经在A到B间和A'到B'间移动了相等的距离，很明显，B和B'的平均数也将在$\bar{X}$处。同样，如果再做两个记号，C和C'，从A和A'向内移动相等的距离，它们的平均数仍然是$\bar{X}$。

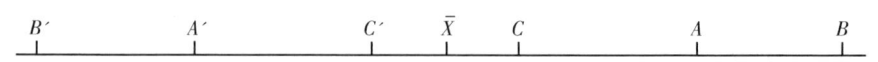

$B'\quad\quad\quad A'\quad\quad\quad C'\quad \bar{X}\quad C\quad\quad\quad A\quad\quad\quad B$

图 6-1 算术平均数的形象化表示

因此，平均数并不能说明数据中各个观测值与平均数的差异有多大。如果希望使用算术平均数来总结数据，还应该使用一些其他方法来描述数据围绕平均数的离散程度或多样性。最简单的方法是将每个观测值与平均数的差值相加，这个量被称为每个观测值与它所构成的分布的平均数的"偏差"。

然而，这并不算是表示围绕平均数的分散性问题的正确解决方案，因为这种计算的结果总是为零。造成这一现象的原因，从图6-1的观察中可以看出，与平均数的个别偏差会相互抵消有关。因此，有必要确定另一种不存在这一缺点的离散度计量方法。

除了算术平均数之外，还有许多其他集中趋势的计量方法。这些其他的计量方法将在后文讨论，目前集中讨论最方便和最广泛使用的计量方法，即所谓的"标准差"。与平均值一样，标准差只有在数据是定距或定比类型时才可以应用于计算之中。

前文讨论的表示离散度的方法的困难在于所有大于平均值的观测值都被小于平均值的观测值抵消。可以通过忽略偏差的符号，将它们相加，然后除以观测值的数量，得到偏差的"绝对值"（没有符号的值）的算术平均数来避免这个问题。这个结果被称为平均偏差，有时在统计学中使用。但它也有缺点，它的计算非常粗略，尤其是有大量观测值时，它不能用于进一步分析。通过对每个偏差进行平方化处理，将偏差中的负号去掉，可以避免这个缺陷。众所周知，无论是正数还是负数的平方都是正数。然后，将所有的平方偏差求和，由于我们感兴趣的是均值周围的平均离散，所以需要除以项目数。因此，所使用的公式

$$\frac{\sum_{i=1}^{N}(X_i-\bar{X})^2}{N}$$

是针对向量 X 的，其结果被称为"方差"。

举例说明，我们从猪的数量的列数（见表 4-1）中取前十行，并说明方差的计算过程，详见表 6-3。方差容易计算，而且在更复杂的工作中非常有用，但其作为衡量离散度的方法有两个缺点。其中小的缺点是，在偏离平均数较多的情况下，对其进行平方化处理会使其数值变得更大，处理起来更麻烦。而大的缺点是，在数学意义之外很难赋予方差实质性的意义。例如，表 6-3 的数据显示 1086 年埃塞克斯郡 10 个地区的猪的数量的算术平均值是 348 头猪，而此时说围绕该平均值的平均离散度是 104896.0 平方猪，没有什么意义。

这其中的部分原因是围绕平均数的离散度应该用与平均数本身相同的单位来表示，所以使用标准差作为最方便的离散度计量方法，标准差就是方差的平方根。对于向量 X 来说，

$$\sqrt{\frac{\sum_{i=1}^{N}(X_i-\bar{X})^2}{N}}$$

标准差通常用字母 s 表示。

根据表 6-3 给出的例子：

$$s = \sqrt{104896.0}$$
$$= 323.9$$

可以看出数据的标准差为 323.9 头猪。

表6-3 变异系数的计算方法

地点	猪的数量 X_i	算数平均数 $\bar{X}$	$(X_i-\bar{X})$	$(X_i-\bar{X})^2$
瑞特	1200	348	+852	725904
克拉夫林	600	348	+252	63504
法纳姆	150	348	−198	39204
—	50	348	−298	88804
鸟格里	160	348	−188	35344
阿尔费斯图纳	350	348	+2	4
克兰菲尔德	120	348	−228	51984
邓莫	300	348	−48	2304
伊斯顿	150	348	−198	39204
—	400	348	+52	2704

$N=10 \quad \sum_{i=1}^{N} X_i = 3480 \quad \sum_{i=1}^{N}(X_i-\bar{X})=0 \quad \sum_{i=1}^{N}(X_i-\bar{X})^2=1048960$

$$\frac{\sum_{i=1}^{N}(X_i-\bar{X})^2}{N} = \frac{1048960}{10} = 104896.0$$

为了计算标准差，首先需要计算平均值，然后使用标准差公式。也可以直接通过其他公式来计算标准差，所有这些公式都是标准公式的重新排列，最简洁的可供选择的替代方案是：

$$s = \frac{1}{N}\sqrt{N\sum_{i=1}^{N} X_i^2 - \left(\sum_{i=1}^{N} X_i\right)^2}$$

它只涉及给变量值求和及计算每个值的平方和。其他可能的公式，以及根据未分组和分组频率分布计算平均数的公式，可以在统计学教科书中找到。

在处理定距变量时，计算平均值和标准差有相当大的优势，而平均值实际上是本书将要考虑的各种"平均数"中最广为人知和最常用的。平均值和标准差的主要优点是在计算中使用了每一项数据，因此不会浪费任何信息，此外，无论是手动计算还是使用计算器，这两种计量方法都很容易。然而，平均值也有一个缺点，即它对根据它所计算出的分布中存在的极端值很敏感。这在历史研究，特别是在研究工业化前的社会时很重要，因为在这些社会中，社会内部的财富和社会地位有很大的差异。例如，计算一个中世纪村庄的家庭平均规模，由于村里有一座城堡，城堡里住着领主和他的仆人和侍从，平均数会向上倾斜。基于这种情况算出的平均规模会给判断正常的家庭规模带来误导。

这个缺陷似乎可以通过与平均数联系起来的标准差来克服，标准差是衡量数据离散性的一个指标，其缺陷往往没有那么明显。不幸的是，分布中极端值的存在——与大多数其他值相差甚远的值——也会影响标准差的值。需要注意的是计算标准差，除了其他事项外，还涉及对平均数的每一个偏差进行平方。虽然可以通过取平方根来弥补这一点，但与接近平均值的值相比，离平均值较远的值不可避免地会获得更高的权重。我们在讨论更高级的统计方法时将会看到，这并不总是一个缺点，但是当平均数和标准差被视为总结性的衡量标准时，则应将这个缺陷铭记在心。本章的后半部分将讨论计算中心倾向和离散度的其他计量方法，其中一些方法可以帮助解决这个难题。

（二）几何平均数

几何平均数是第二种只适用于定距变量的平均数，但除了经济学和经济史问题外，它并不经常被使用。对于一个由 N 个数组成的向量 X，几何平均数的计算公式为：

$$G.M. = \sqrt[N]{(X_1)(X_2)(X_3)\cdots(X_N)}$$

换句话说：将向量 X 所有的 N 个值相乘，取第 N 个根。在实际操作中，可以利用对数，将 X 的所有 N 个值的对数相加，将结果除以 N，然后取反根。在某些情况下，特别是在处理指数时，以及人们希望找到一个或多个变量的相对变化的平均数时，例如若干增长率的平均数时，几何平均数是衡量中心趋势的最合适的方法。与算术平均数相比，几何平均数倾向于减少极端值的权重，但没有与计算离散直接有关的方法。

（三）中位数

计算中心趋势的第三种简易计量方法是中位数法，如果数据是定序型或定距型的，则可以计算中位数。中位数和模型一样，计算起来非常简便，它只是一个变量的值，它把案例分成两半，所以有多少案例的值低于中位数，就有多少案例的值大于中位数。因此，为了计算中位数，需要做的就是根据案例在某一特定变量上所取的值进行排序，这样一来，中位数将是排序中位于中点的值。例如，表 5-1 第五列给出的船员人数，可以按表 6-4 的方式重新排列。

表 6-4 按等级排列的表 5-1 第五列的数据

等级	1	2	3	4	5
官方编号	113685	114424	115143	1697	113689
船员人数	2	2	2	3	3

					续表
等级	6	7	8	9	10
官方编号	95757	35052	93086	2640	62595
船员人数	4	5	5	6	8
等级	11	12	13	14	15
官方编号	123375	107004	94546	86658	73742
船员人数	9	10	13	15	16
等级	16	17	18	19	20
官方编号	109597	115149	96414	99495	115357
船员人数	16	18	19	19	21
等级	21	22	23	24	25
官方编号	113406	114433	92929	118852	99437
船员人数	22	22	23	24	33

由于表6-4中有奇数的情况（25个），中位数是第13个，即（N+1）/2，因此，这个分布的中位数是13。如果分布中有偶数个案例，比如说24个，那么中位数就会是第12个N/2和第13个（N+1）/2案例的算术平均数，在表6-4的例子（假设排除了第25个案例）中，剩下的24个案例的中位数就是第12个和第13个案例的平均值，也就是说：

$$\frac{10+13}{2}=11.5$$

中位数只是一组计量方法中的一种，它根据数值的等级顺序来划分和总结数据，除了中位数，还有四分位数、十分位数和百分位数这些计量方法。就像中位数将案例分为两组一样，四分位数将数据分为四组，十分位数分为十组，百分位数分为一百组。遗憾的是，进行四分位数的计算有两种惯例，最常见的是第一分位数被定义为[(N+1)/4]个案例，第二分位数（中位数）被定义为[(N+1)/2]个案例，第三分位数被定义为[(3N+3)/4]个案例（"下位数"和"上位数"有时被用来代替"第一"和"第三"）。在表6-4的例子中，通过这条规则可以得到 6.5、13 和 19.5，所以在四舍五入后，我们将四分位数作为第 7、第 13 和第 20 种情况，其值分别为 5、13 和 21。十分位数和百分位数的计算方法与此类似，不过它们的使用仅限于数据集有足够多的案例组时，那时将数据分成多组是明智的。

可以将各种离散度量与中位数、四分位数、十分位数和百分位数联系在一起，最常用的是四分位数偏差，更恰当地说是半极值范围，这是第一和第三、第四分位数之间的一半之差。因此，在表 6-4 所示的例子中，半极值范围是：

$$\frac{21-5}{2} = 8$$

可以说，这个例子的中位数是 13，半极值范围是 8，这使我们对分布的中心倾向和围绕中心倾向的离散程度有了一定的了解。

虽然中位数和四分位差很容易计算，也可以方便地衡量中心倾向和离散度，但它们有几个缺点，在有其他选择的时候，不应再使用它们；而当数据是定距形式的时候，则可以使用它们。如果数据是偶数型的，只能选择众数和中位数。中位数和四分位数偏差的主要缺点是它们在计算中没有考虑到分布中的极值，仅注意到它们的存在——例如，想象一下，我们看到的不是表 6-4 中的真实数据，而是表 6-5 中的数据。这个分布与表 6-4 中的形状明显不同，在表 6-4 和表 6-5 中，只有 6 个项目的排序是相同的。此外，在表 6-5 中，排序最上端的极值比表 6-4 中的大得多。然而，这两个分布都有相同的中位数和四分位数偏差，即使改变了假设的分布，使 20 号以上的所有项目都有几倍的值，这一点也不会改变。需要注意的是，在某些情况下，具有中心倾向的衡量标准，忽略与分布中其他大部分值有很大差异的值，这是有好处的。例如，如果要研究人们结婚的年龄，有一个衡量标准，排除了比她这一代晚了30~35岁才结婚的55岁女性，这就很有作用。同样，如果对一个工业城市中工人的生活水平感兴趣，那么实际工资中位数将比实际工资平均数更能说明物质生活水平，中位数几乎不会受到生活在同一地区的工厂主高收入的影响。然而，在大多数数据中，中位数对极端值不敏感是一个缺点。中位数的另一个需要强调的缺点是只有极少数统计分析方法会利用它。一般来说，如果使用定距或定比数据，它不是衡量中心趋势的一个非常有用的指标，而与之相关的离散方法，即四分位数偏差，同样只有在少数特殊情况下才有用。

表6-5 假设的25个数字集的排列顺序

排序	1	2	3	4	5	6	7	8	9	10
值（船员人数）	2	2	2	2	2	2	2	4	6	7
排序	11	12	13	14	15	16	17	18	19	20
值（船员人数）	7	9	10	10	10	11	12	13	16	20
排序	21	22	23	24	25					
值（船员人数）	38	69	77	95	160					

（四）众数

如果我们拥有的是如同表5-1所示的数据矩阵第二列和第三列中的数据那样的定类变量，那么汇总中心倾向的唯一方法是众数。众数指最经常出现的值。在给出船只的驱动方式的变量中，从表5-2中可知有4艘船是由帆驱动，有16艘船是由蒸汽驱动，有5艘船的驱动方式不详。因此，变量"驱动方式"的众数，就是"蒸汽"。众数也可以作为一种汇总方法，将定序或定距变量进行汇总，表5-1中的变量"船员人数"的众数为2，因为有 3 艘船的船员人数为 2，而其他船员人数没有出现过两次以上。

从这些例子中可以清楚地看出，这种模式在总结表 5-1 中的数据时用处有限，众数通常适用于历史数据，在有些情况下，知道一组数据中最频繁出现的数值很重要。例如，这种模式有时被人口学家所使用，因为大多数人结婚或生第一个孩子的年龄变化会影响到出生率。但是，这种模式有一个主要的缺点，就是它没有相关的离散方法，因此在数据分散的情况下，它的作用非常有限。一般来说我们不应使用这种方法。

（五）离散系数

在可能对历史学家有用或被历史学家所使用的总结性方法中就只剩下离散系数了。通常情况下，知道两个或三个变量中哪个变量的均值最分散，是非常有用的。例如，在航运的例子中，我们可能有兴趣知道船只吨位的变化是否比船员人数的变化更大。我们不能直接比较每个变量的标准差，这是因为它们的单位（船员人数和吨位）不同，也因为它们的均值相差很大。任何数字的变异系数只是该向量的标准差，表示为该向量的平均值的百分比。因此，表 5-1 中的数据的离散系数为：

$$吨位\ \bar{X} = 892.8\ 吨$$
$$s = 946.2\ 吨$$

$$变异系数 = \frac{946.2}{892.8} \times 100 = 105.98$$

$$船员人数\ \bar{X} = 12.8$$
$$s = 8.6$$

$$变异系数 = \frac{8.6}{12.8} \times 100 = 67.19$$

因此可以说，船只的吨位数在平均值附近的离散程度比船员人数的离散程度更大。

（六）使用哪种方法？

可以看出，对一组特定数据的简要统计方法的选择首先取决于数据的类型；其次取决于数据的特点，特别是数据的变化量；最后取决于分析的后期使用简要统计方法的用途。在某些情况下，这样的选择并不明确。例如，在人口统计工作中，每一种汇总性统计方法可能对应着揭示数据的某一种特定的特征，例如，众数会给出最常见的结婚年龄，而中位数和算术平均数会给出"正常"的结婚年龄，前者在某种程度上排除了最不正常的情况，后者则包括最不正常的情况。在这种情况下，最简单的解决办法是把所有这三种中心倾向的衡量标准以及与之相关的差异衡量标准都列出来，然后让读者根据本章所包含的知识来理解。这在比较不同时期的数据时特别有用，例如，表6-6显示了几个世纪以来德文郡科里顿村村民的结婚年龄，里格利（Wrigley）在他的文章中，从每个时期的每个总结方式的不同变化方式中得出了一些结论。

表6-6 科里顿村村民的初次结婚年龄

男性	数量	平均数	中位数	众数
1560~1646	258	27.2	25.8	23.0
1647~1719	109	27.7	26.4	23.8
1720~1769	90	25.7	25.1	23.9

续表

男性	数量	平均数	中位数	众数
1770~1837	219	26.5	25.8	24.4
女性	数量	平均数	中位数	众数
1560~1646	371	27.0	25.9	23.7
1647~1719	136	29.6	27.5	23.3
1720~1769	104	26.8	25.7	23.5
1770~1837	275	25.1	24.0	21.8

资料来源：E. A. Wrigley, "Family Limitation in Pre-industrial England", *Economic History Review* XIX（1 April, 1966），p.86。众数是由平均数和中位数插值而来，并非直接从数据中得出。

表6-6还说明了在众数、中位数或平均数之间选择的第四个标准。这是我们在选择所有统计方法时应采用的标准，以便在使用这些方法时不会产生任何误导或歪曲。例如，在描述科里顿村村民的结婚年龄时，单用平均数来描述会给人一种几百年来结婚年龄差异很大的印象，而众数则告诉我们，几百年来，多数人的结婚年龄基本相同。如果只引用其中的一个要素，而不引用另一个要素，就会造成误导。里格利通过引用这三者，为我们提供了需要的材料，让我们自己做出判断。

使用所有的概括性指标、平均数、离散的方法和分组频率分布都会使准确性下降。这种准确性的损失是否超过了计算速度的提高和表达的便利性，这是每个项目的研究者自己权衡的问题。数据处理机制的使用减少了对分组数据的使用和集中趋势方法的需要。作为总结性方法，它们在展示数据方面的优势仍然存在。

7 时间序列分析

由于本书关注的是对历史问题的定量分析，其中时间的维度永远存在，令人惊讶的是，只有在这一点上才明确提出了"时间序列"的概念。需要注意的是这些数据的历史特征并不一定意味着它们在严格意义上构成一个"时间序列"——我们只将一组按时间顺序排列的数据命名为"时间序列"。因此，无论是关于末日庄园的数据还是关于船只的数据都不构成时间序列。它们是一系列观测值，第一次是对多米斯登地区的观测，第二次是对船只的观测，它们被安排得非常近，以便能够为每个数据矩阵中的所有观测结果指定相同的日期。观测项目没有按时间顺序排列。

因此，时间序列数据是数据矩阵的一种特殊情况，其中数据按时间顺序而不是任何其他顺序排列。在收集数据的过程中，数据的时间顺序自然而然地出现。如果在每天、每月或每年的一系列时间点上收集有关某个变量的数据，那么数据矩阵将按时间顺序排列，并且矩阵的每一列都是一个时间序列。表 7-1 给出了这样一个例子。许多历史数据都是这种类型的：一系列人口普查年的人口规模、作物的年产量、每个月底的失业人数等。或者，可以通过其他方式收集数据，以使个案或矩阵的行在每个月底没有失业人数。还可以通过其他方式收集数据，这样案例或矩阵的行就没有按时间顺序排列，但矩阵的一列由按时间顺序排列的信息组成。例如，表 7-2 在左侧显示了这样的数据矩阵。可以根据此数据矩阵构造时间序列数据，将表的行重新排列为按时间顺序排列或构造频率分布的方式可以实现这一目的。同样，许多历史数据都是以这种形式收集的。几乎每个人的数据都含有按时间顺序排列的信息，例如结婚或死亡的日期，这些信息可用于构建时间序列数据。

表 7-1 1820~1850 年英国国内出口总额			单位：百万英镑
年份	金额	年份	金额
1820	36.4	1836	53.3
1821	36.7	1837	42.4
1822	37.0	1838	50.4
1823	35.4	1839	53.2
1824	38.4	1840	51.4
1825	38.9	1841	51.6
1826	31.5	1842	47.4
1827	37.2	1843	52.3
1828	36.8	1844	58.6
1829	35.8	1845	60.4
1830	38.3	1846	57.8
1831	37.2	1847	58.8
1832	36.5	1848	52.8
1833	39.7	1849	63.6
1834	41.6	1850	71.4
1835	47.4		

资料来源：B. R. Mitchell and P. Deane, *Abstract of British Historical Statistics* (Cambridge, Cambridge University Press, 1962), p.282。

由于时间序列数据只是安排数据矩阵的一种方式，因此，只要问题和数据很有意义，就可以将已讨论的用于对数据矩阵进行汇总和分类的方法应用于时间序列数据。例如，可以计算表7-1中所示时间序列的平均值和标准差，以发现1820~1850年英国国内出口的平均值以及该平均值附近的离散度。如果愿意，可以计算时间序列数据的中位数和模拟值，也可以使用前文讨论过的图形方法绘制时间序列数据图。图7-1显示了表7-1数据的折线图。此外，还可以使用许多时间序列数据分析方法，这些方法不适用于以其他方式排序的数据。

（一）时间序列分析的对象和假设

表7-1给出了1820~1850年英国生产的商品出口总额。这段时期，英国

利用工业革命中发明的新机器技术，迅速发展制造业，并出口越来越多的工业产品。如表 7-1 所示，1820~1850 年，其国内出口总额几乎翻了一番。[①] 然而，这种增长并不规律：贸易萧条、其他国家的政治和经济事件以及海外客户喜好的变化，都影响了增长，因此有些年份的增长速度要快于其他年份。但如图 7-1 所示，某些时期在恢复上升之前，甚至出现了下降。

图 7-1　1820~1850 年英国国内出口总额

注：数据来源于表 7-1。

如果要分析这些年英国出口的增长，就需要考虑可能影响增长的因素，并且还需要利用一些方法区分不同因素的影响。在不估计每种影响的重要性的情况下去描述各种可能的影响是没有多大意义的。此外，我们最感兴趣的可能不是出口的长期增长，而是短期的年复一年的波动，因此需要将时间序列中的短期变化与长期变化区分开来。因此，将时间序列分解为相对于该序列可能受到的不同影响的部分时间序列方法能够帮助我们做到这一点。

这些方法无法告诉我们时间序列的影响究竟是什么。这是一个历史问

---

① 这些数据是用货币表示的，即不根据价格水平的变化进行调整。下文将更详细地讨论这个问题。

题。但是它可以帮助我们区分长期影响和短期影响。一旦区分了这些影响，就可以运用历史知识赋予其实际意义。

表 7-2 根据数据矩阵推导时间序列

原始数据				衍生时间序列		
船名	建造地点	年份	吨位	年份	船数	总吨位
德鲁伊号	利物浦	1823	64	—	—	—
竞争号	罗瑟希德	1825	129	1820	1	110
约瑟夫·约克爵士号	切斯特	1822	62	1821	5	819
马尔维娜号	因弗内斯	1824	39	1822	2	164
奋进者号	罗瑟希德	1826	318	1823	3	501
日食号	格里诺克	1821	88	1824	3	185
威廉·乔利弗号	德普特福德	1826	235	1825	5	564
旅行者号	珀斯	1821	112	1826	8	1325
拉蒙纳号	罗瑟希德	1828	178	1827	0	0
阿特伍德号	布莱克沃尔	1825	189	1828	1	178
丑角号	德普特福德	1826	185	1829	1	34
伦敦号	德普特福德	1824	104			
皇冠号	德普特福德	1822	102			
维纳斯号	罗瑟希德	1821	112			
卫星号	布莱克沃尔	1823	292			
贝尔法斯特号	贝尔法斯特	1820	110			
达特号	罗瑟希德	1825	145			
马格内特号	莱姆豪斯	1826	166			
简	北希尔兹	1826	12			
利物浦伯爵号	布莱克浦	1823	145			
海王星号	纽卡斯尔	1824	42			
瓦特号	格拉斯哥港	1821	291			
干舷号	桑德兰	1825	33			
使者号	罗瑟希德	1826	103			
雄伟号	格林诺克	1821	143			
伊普斯威奇号	伊普斯维奇	1825	68			
科隆比纳号	德普特福德	1826	241			
皇家宪章号	盖恩斯伯勒	1826	65			
金斯敦号	盖恩斯伯勒	1829	34			

注：该数据取自"在英国港口注册的所有蒸汽船的名称和描述"申报表，议会文件（1845），第一卷第四十七章，第 545 页。这些轮船 1830~1845 年注册于伦敦港。

时间序列分析方法假设任何时间序列都会受到三种影响。第一种影响会产生长期的增长或下降，称为数据中的趋势。第二种影响是围绕长期趋势产生有规律的波动。影响力之一就是季节因素：在工业化之前的英国，面包价格总是在秋季，即收获后的一段时间内处于最低水平；另一个是不断变化的商业活动，许多国家产生了繁荣与萧条的交替，即所谓的"商业周期"。第三种影响是不规则的，会在该系列中产生短期的、不重复的波动。战争、瘟疫或政府政策的变化都可能造成这种波动。因此，时间序列的统计分析就是将一个时间序列分解成不同的部分，这些部分可能会产生不同的影响，这些影响可能是长期的或短期的，也有可能是有规律的或不规律的。通过使用时间序列分析方法，我们可以区分这些单个或者全部的影响因素。

时间序列分析的假设是一个时间序列是由这三种类型的影响组成的，在使用这些方法进行分析时，我们接受了这个假设。因此，必须非常小心，不要让这种假设与我们作为历史学家所知道的一组特定数据相冲突。作为历史学家，如果我们不相信某个特定的序列对它有周期性的影响，那么就不应该使用假设这种影响存在的分析方法。本章后半部分将再次讨论这一点，首先将讨论图 7-1 的时间序列分析。

（二）增长率

从图 7-1 中可以明显看出，英国国内的出口在 1820~1850 年出现了增长。然而，如果要详细分析这种增长，还需要知道整个时期和部分时期的增长速度。我们可以发现一些有趣的事，比如是否初期增长比末期快。此外，如果比较出口和进口的增长，则需要某种程度的增长数据来比较这两个序列。

从表 7-1 可以看出，1820~1850 年，出口几乎翻了一番。这显然是一个很大的增长，但"30 年里几乎翻了一番"这种表述，很难同其他或更短或更长的时期的变化进行比较。如果将增长表示为每年的平均增长，则有助于进行这种比较。我们可以通过将1820年和1850年出口的差异除以年数来计算年平均增长率，然后可以说英国出口的年均增长为1.167百万英镑。

$$\frac{71.4-36.4}{30}=1.167$$

事实的确如此，但它对我们与其他序列进行比较没有太大帮助，因为我们不知道增长的基数。以100万英镑为起点每年增加1.167百万英镑，比从1亿英镑为起点每年增加更多，但使用平均涨幅这一数据无法区分这两者。如果想比较系列出口价值，例如公司贸易中的一系列进口茶叶，有一个独立于原始单位的变化度量也是有用的，比如英镑。

这需要满足两个要求，一是需要考虑基数，并且要有独立于原始单位的度量单位，这表明基于百分比的度量是适当的；二是该度量应该是累积性的，将每年的增长表示为前一年的价值的百分比。实际上，应将其计算为复合利率，而不是简单利率。满足所有这些要求的增长率是根据公式计算得出的百分比增长率，其中r是预期的增长率，X_N是最后一个周期的值，X_T是第一个周期的值，m是第一个和最后一个周期之间的年差。

$$r=\left[\sqrt[m]{\left(\frac{X_N}{X_T}\right)}-1\right]100$$

使用对数可以大大简化增长率的计算。例如，对于表7-1的数据，要计算1820~1850年的增长率，先找到X_N的对数指数（log 71.4 = 1.8537）和X_T的对数指数（log 36.4 = 1.5611）。两者相减得出 log X_N-log X_T = 0.2926。除以m = 30得到第30个根，得出0.0098。0.0098的对数是1.023，减去1再乘以100，则平均百分比增长率为每年2.3%。

增长率也可以通过使用已公布的表来查找,而不需要计算。还应该指出的是,虽然示例中计算的是每年的增长率,但同样的方法也可以用于计算任何时间段的增长率。

增长率是描述时间序列数据的一种非常有价值且经常使用的方法,但是需要谨慎使用,尤其是在序列出现明显波动时。这种情况下,最终年份的选择在计算增长率时就非常重要。可以根据表 7-1 的数据计算其他的增长率来说明这一点,表 7-3 显示了这些增长率。

表 7-3 表 7-1 数据增长率

最终年份	时间跨度(年)	年增长率(%)
1820~1850	30	2.3
1820~1848	28	1.4
1826~1850	24	3.5
1823~1847	24	2.4

所有这些增长率都是正确的,都给出了年均增长率。然而,就整个时间序列而言,它们各自都有严重的缺陷。尽管我们计量的时间段差别不大,但我们对 1820~1848 年英国出口增长的印象与 1826~1850 年英国出口增长的印象截然不同。

如果研究图 7-2,则表 7-3 中增长率出现差异的原因就很清楚了。在选择 1820 年和 1848 年作为结束年份时,我们计量了 1820 年的最高点和 1848 年的最低点,而在 1826 年和 1850 年,情况正好相反。甚至当以 1820 年和 1850 年为终点时,我们看到连接这两年的线超过了其他数据点。只有以 1823 年和 1847 年为例时,我们才似乎选择了合理的典型年份作为计算增长率的基础。

这不仅是一个统计问题。选择最终年份进行此类计算,需要格外小心,不要选择非典型年份,因为这样做可能会扭曲结果。例如,在工业革命期间英国工人生活水平变化的漫长历史辩论中，有很多是关于选择合适的年份的问题。如果选择了一些年份，那么生活成本似乎上升了，而在其他年份，它似乎下降了。

（三）趋势

再次看图 7-2，选择合适的结束年份可能与以下事实有关：必须选择两个（而且只有两个）结束年份来描述整个序列的增长。因此，其他年份的数据不会进入计算。很明显，如果我们希望找到一个能够度量整个序列的增长方法，那么找到一个允许使用整个序列的方法是更为合理的。实际上，描述该序列的长期增长，即是衡量数据中长期趋势的增长率，这是在时间序列分析中假设会影响时间序列的第一个因素。

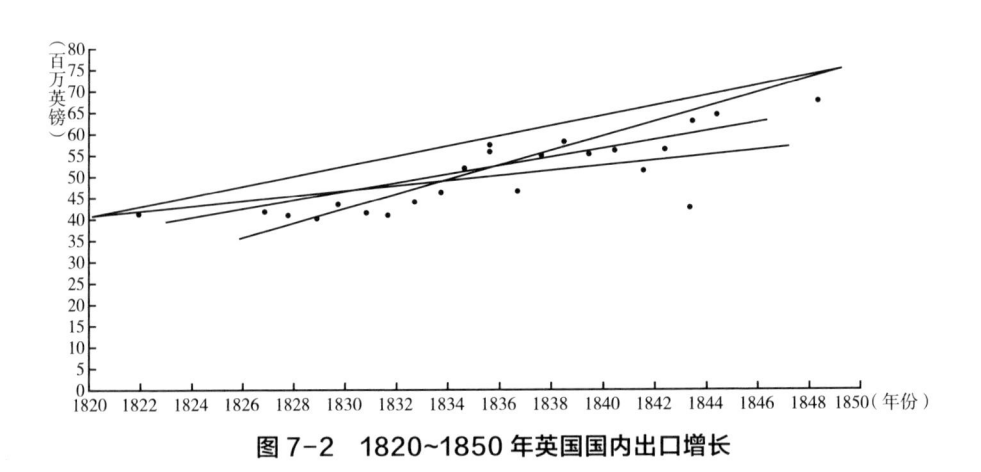

图 7-2　1820~1850 年英国国内出口增长

在图 7-2 中，我们绘制了许多线，它们连接了一系列的结束年份，但不受其他年份值的影响。我们需要找到的是一条类似的线，它将年份值连接在一起，以便考虑其他年份的影响。然而，从图 7-2 中，我们找不到一条直线来连接图上的所有数据点。因此，作为次优选择，我们将尝试寻找一条尽可能接近所有数据点的直线，从某种意义上说，这条直线是通过图中各个点的所有可能直线的平均值。有些点在直线上，有些点在直线下方或上方。当然，可以根据判断在图表上画出这样一条线，但我们的判断很可能会出错，还会受到其他人的质疑。因此，需要根据某些理论来计算一条直线，这些理论可以使图上的所有点尽可能地最佳拟合。

可以看出，最接近图上所有点的直线是用最小二乘法计算的直线。图7-3说明了该方法的逻辑。我们试着选择一条线（图上的B线）穿过图上的点，这样，如果从每个数据点到这条线画垂直线（就像我们在1835~1845年所做的那样），测量距离，将它们进行平方并相加，那么我们选择的线的结果（与该线偏差的平方和）就比在图上画的其他线都要小。用这种方法找到的线将尽可能地适合图上的所有点，因此是最适合用来表示数据中长期趋势的线。

可以尝试反复试验，在图上画线，测量偏差并计算平方和来找到最佳拟合线，但这显然是一个烦琐的过程。取而代之的是使用两个公式，而它们能够描绘出满足偏差平方和应尽可能小的条件的直线。为了理解这一点，必须考虑如何描述一条线，例如图7-3中的B线。B线，或者任何其他直线，例

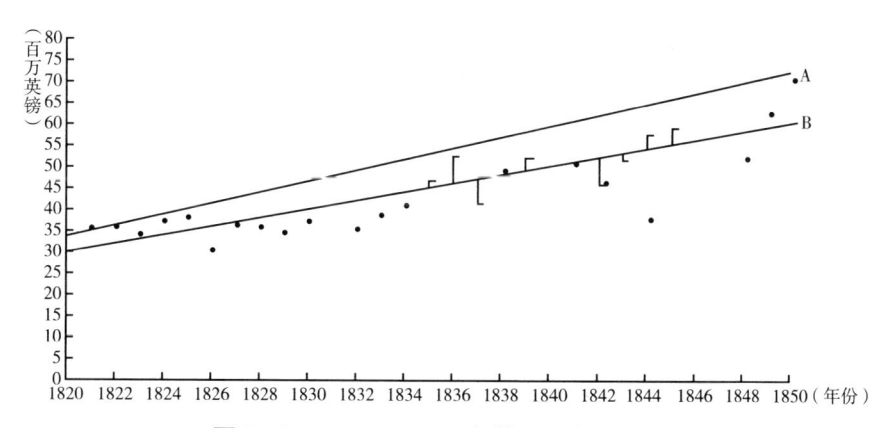

图7-3　1820~1850年英国国内出口趋势

如 A 线，都有两个重要特征。第一个特征是如果它延伸到图像的垂直轴，它会在一个特定的点切断这个轴；第二个特征是该线相对于横轴是倾斜的。

为了预先在图形上绘制一条特定的直线，我们需要了解两件事：第一，它与垂直轴交叉的点；第二，相对于水平轴的倾斜角度。第一个是截距，它是垂直轴上的一个数字。例如，图 7-3 中的直线 A 与纵轴相交于表示 3500 万英镑的点。第二个信息稍微复杂一些。为了画出从截距出发的直线，我们需要知道该线沿着水平轴移动时应该向上或向下移动多少。如果再看一下 A 线，我们看到 1820 年它代表价值 3500 万英镑，1822 年它代表价值 3750 万英镑，1824 年它代表价值 4000 万英镑，依此类推。换句话说，每年增加 125 万英镑，10 年后，应该增加 1250 万英镑，20 年后应该增加 2500 万英镑，因此可以看到直线 A 实际上是一条追踪这些值的直线。

因此，为了画出直线 B，需要知道两个数据：截距和斜率，这是两个基于最小二乘法的公式提供的两个信息。这两个公式是：

截距：

$$a = \frac{\sum Y - b\sum X}{N}$$

斜率：

$$b = \frac{N\sum XY - (\sum X)(\sum Y)}{N\sum X^2 - (\sum X)^2}$$

在这些公式中，N 通常是值的个数。当我们在计算一个时间序列中的趋势时，X 是时间序列开始以来的年份向量，Y 是数据值向量。表 7-1 中数据的两个向量 X 和 F 如表 7-4 的第二列和第三列所示，也给出了求解 a 和 b 所需的其他量的计算方法。

表 7-4　利用表 7-1 的数据按长时段方法计算线性趋势

年份	数据（Y）	以 1820 年为基础时间单位（X）	X^2	XY
1820	36.4	0	0	0
1821	36.7	1	1	36.7
1822	37.0	2	4	74.0
1823	35.4	3	9	106.2
1824	38.4	4	16	153.6
1825	38.9	5	25	194.5
1826	31.5	6	36	189.0
1827	37.2	7	49	260.4
1828	36.8	8	64	294.4
1829	35.8	9	81	322.2
1830	38.3	10	100	383.0
1831	37.2	11	121	409.2
1832	36.5	12	144	438.0
1833	39.7	13	169	516.1
1834	41.6	14	196	582.4
1835	47.4	15	225	711.0
1836	53.3	16	256	852.8
1837	42.1	17	289	715.7
1838	50.1	18	324	901.8
1839	53.2	19	361	1010.8
1840	51.4	20	400	1028.0
1841	51.6	21	441	1083.6
1842	47.4	22	484	1042.8
1843	52.3	23	529	1202.9
1844	58.6	24	576	1406.4
1845	60.1	25	625	1502.5
1846	57.8	26	676	1502.8
1847	58.8	27	729	1587.6
1848	52.8	28	784	1478.4
1849	63.6	29	841	1844.4
1850	71.4	30	900	2142.0

			续表
年份	数据 (Y)	以 1820 年为基础时间单位 (X)	X^2	XY
	$\sum Y=1429.3$	$\sum X=465$	$\sum X^2=9455$	$\sum XY=23973.2$

$$b = \frac{743169.2-664624.5}{293105-216225}$$

$$= \frac{78544.7}{76880.0}$$

$$=1.02$$

$$a = \frac{1429.3-1.02(465)}{31}$$

$$= \frac{1429.3-474.3}{31}$$

$$=30.81$$

$$\therefore Y_T = 30.81+1.02\, X_T$$

如表 7-4 所示，计算了这些和与平方和之后，可以先计算 b，然后计算 a。对这些数据进行分析后发现，直线的截距为 30.81，斜率为 1.02。这意味着，这条线切割垂直轴的价值为 3081 万英镑，每年沿水平轴上升 102 万英镑。我们知道，1820 年，这条线穿过代表价值 3081 万英镑的点；1821 年，它穿过代表 3081 万英镑的点；1830 年，它穿过代表 4101 万英镑的点［30.81+10（1.02）=41.01（百万英镑）］，依此类推。直线 B 就是用最小二乘法对表 7-1 的数据进行拟合而成的；它代表了时间序列中的"线性趋势"。

我们可以用一个简单的公式来计算直线 B 将通过的值：

$$Y = a+bX$$

其中 a、b、X 和 Y 被定义为 a 和 b 的最小二乘公式。这个公式被称为直线的一般公式，可以通过改变 a 和 b 的值来描述任何特定的直线。例如可以用方程描述图 7-3 上的直线 A：

$$Y = 35 + 1.25X$$

直线 B 可以描述为：

$$Y = 30.81 + 1.02X$$

表 7-5　利用表 7-1 的数据运用短时段的方法计算线性趋势

年份	数据值（Y）	以1820年为基础	时间单位（X）	X^2	XY	趋势值
1820	36.4	0	−15	225	−546.0	30.81
1821	36.7	1	−14	196	−513.8	31.83
1822	37.0	2	−13	169	−481.0	32.85
1823	35.4	3	−12	144	−424.8	33.87
1824	38.4	4	−11	121	−422.4	34.89
1825	38.9	5	−10	100	−389.0	35.91
1826	31.5	6	−9	81	−283.5	36.93
1827	37.2	7	−8	64	−297.6	37.95
1828	36.8	8	−7	49	−257.6	38.97
1829	35.8	9	−6	36	−214.8	39.99
1830	38.3	10	−5	25	−191.5	41.01
1831	37.2	11	−4	16	−148.8	42.03
1832	36.5	12	−3	9	−109.5	43.05
1833	39.7	13	−2	4	−79.4	44.07
1834	41.6	14	−1	1	−41.6	45.09
1835	47.4	15	0	0	0	46.11
1836	53.3	16	+1	1	+53.3	47.13
1837	42.1	17	+2	4	+84.2	48.15
1838	50.1	18	+3	9	+150.3	49.17
1839	53.2	19	+4	16	+212.8	50.19

续表

年份	数据值(Y)	以1820年为基础	时间单位(X)	X^2	XY	趋势值
1840	51.4	20	+5	25	+257.0	51.21
1841	51.6	21	+6	36	+309.6	52.23
1842	47.4	22	+7	49	+331.8	53.25
1843	52.3	23	+8	64	+418.4	54.27
1844	58.6	24	+9	81	+527.4	55.29
1845	60.1	25	+10	100	+601.0	56.31
1846	57.8	26	+11	121	+635.8	57.33
1847	58.8	27	+12	144	+705.6	58.35
1848	52.8	28	+13	169	+686.4	59.37
1849	63.6	29	+14	196	+890.4	60.39
1850	71.4	30	+15	225	+1071.0	61.41
总计	1429.3			2480	+2533.7	

表7-5所示的计算方法可以减轻计算线性趋势的工作量。而不是像我们在表7-4中所做的那样，从时间序列的开始测量X作为时间单位，而是从时间序列的中间测量，因此$\sum X=0$。如果这样做，两个最小二乘方程可以简化为更简单的形式，即

$$a = \frac{\sum Y}{N}$$

$$b = \frac{\sum XY}{\sum X^2}$$

如表7-4所示计算线性趋势。

在考虑增长率时，线性趋势满足了我们的要求，即应考虑所有的数据值，而不仅是终端年份的数据值。要基于线性趋势计算序列的增长率，我们只需要取直线上两点的值，并将它们作为计算增长率的基础年份。由于趋势

是线性的，即一条直线，因此可以在这条线上取任意两个点；无论采取哪种方法，结果都是一样的。例如直线 B 的公式，$Y=30.81+1.02X$，从而可以知道，1820 年的值是 30.81，而 1850 年的值是 61.41。通过计算这些终端年份的增长率，可以得出每年的增长率为 2.3%（在表 7-5 中，可以计算出 $a=46.11$；这是因为我们采用了以 1835 年为中心的时间单位，所以当计算 1835 年的趋势值时，$X_{1835}=0$，那么 $Y_{1835}=46.11$）。

在这样的特定情况下，线性趋势的增长率与根据数据终止日期计算出的增长率相同。这种相同是完全偶然的，即使在该特定示例中结果是相同的，也必须在理论上区分这两种计算增长率的方法。一般来说，根据线性趋势计算增长率是非常可取的，因为这种趋势考虑了时间序列中所有的单个值。

一旦估计了数据中的线性趋势，就可以从原始数据值中减去趋势值，如表 7-6 的第二列和第三列所示。结果是一个由原始序列的波动组成的时间序列，因此可以继续分析这些波动，而不会出现数据在长期趋势下引起的复杂性。趋势偏差的时间序列如图 7-4 所示。

到目前为止，我们集中讨论了以线性趋势作为总结时间序列的方法的优点，并专注于趋势周围的波动。然而，该方法的缺点是它被设计成与数据拟合一条直线，而许多历史时间序列似乎不是很直。如果再看图 5-7 中 1770~1800 年进口到英国的原棉，我们能看到这样一个非线性序列。在这种情况下，将一条直线拟合到数据是不合适的，更合适的是拟合一条曲线来表示趋势。虽然可以这样做，但所涉及的数学比线性趋势计算所涉及的方法要复杂得多。因此，通常采用的另一种解决方案是将序列转化为对数形式。如图 5-9 所示，当将原棉进口数据绘制在半对数图上时，可以看出这些值更接近直线形式。因此，使用原始数据值的对数来计算线性趋势是合适的。如果这样计算，如表 7-7 所示，可以将趋势值绘制在半对数图上或者原始图上，如图 7-5 所示，给出一条直线，通过使用反对数进行转换后，得到一条曲线，如图 7-6 所示。运用这种方法的另一个优点是从计算的趋势方程可以立即看出增长率。其方程是 $Y = abX$，其中 b 等于 1 加上年平均增长率。

表 7-6　将表 7-1 的时间序列分解为三种影响的方法

年份	数据值	趋势值	偏差值	偏差和	周期波动的移动平均值	非周期性波动
1820	36.4	30.8	+5.6			
1821	36.7	31.8	+4.9			
1822	37.0	32.9	+4.1	+19.6	+3.9	0.2
1823	35.4	33.9	+1.5	+17.0	+3.4	−1.9
1824	38.4	34.9	+3.5	+6.7	+1.4	+2.1
1825	38.9	35.9	+3.0	+1.8	+0.4	+2.6
1826	31.5	36.9	−5.4	−1.9	−0.4	−5.0
1827	37.2	38.0	−0.8	−9.6	−1.9	+1.1
1828	36.8	39.0	−2.2	−15.3	−3.1	+0.9
1829	35.8	40.0	−4.2	−14.7	−2.9	−1.3
1830	38.3	41.0	−2.7	−20.5	−4.1	+1.4
1831	37.2	42.0	−4.8	−22.7	−4.5	−0.3
1832	36.5	43.1	−6.6	−22.0	−4.4	−2.2
1833	39.7	44.1	−4.4	−18.0	−3.6	−0.8
1834	41.6	45.1	−3.5	−7.0	−1.4	−2.1
1835	47.4	46.1	+1.3	−6.5	−1.3	+2.6
1836	53.3	47.1	+6.2	−1.2	−0.2	+6.4
1837	42.1	48.2	−6.1	+5.3	+1.1	−7.2
1838	50.1	49.2	+0.9	+4.2	+0.8	+0.1
1839	53.3	50.2	+3.0	−2.6	−0.5	+3.5
1840	51.4	51.2	+0.2	−2.4	−0.5	−0.7
1841	51.6	52.2	−0.6	−3.5	−0.7	+0.1
1842	47.4	53.3	−5.9	−3.2	−0.6	−5.3
1843	52.3	54.3	−2.0	+0.4	+0.1	−2.1
1844	58.6	55.3	+3.3	+1.5	+0.3	+3.0
1845	60.1	56.3	+3.8	+7.8	+1.6	+2.2

续表

年份	数据值	趋势值	偏差值	偏差和	周期波动的移动平均值	非周期性波动
1846	57.8	57.3	+0.5	+3.2	+0.6	−0.1
1847	58.8	58.4	+0.4	+3.1	+0.6	−0.2
1848	52.8	59.4	−6.6	+9.3	+1.9	−8.5
1849	63.6	60.4	+3.2			
1850	71.4	61.4	+10.0			

注：增加第二列（趋势）、第五列（周期波动）、第Ⅵ列（非周期波动）、给出第Ⅰ列（原始数据）。

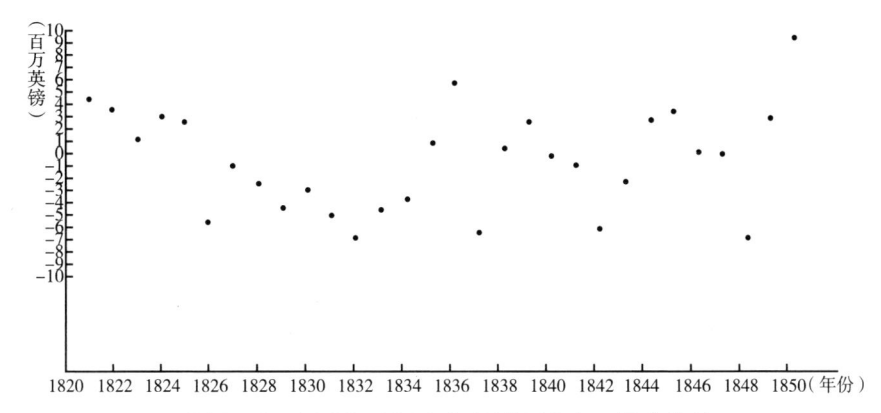

图 7-4 1820~1850 年英国国内出口偏离趋势

资料来源：数据来自表 7-7。

表 7-7 1770~1800 年英国原棉进口数据对数的线性趋势计算

年份	数据（Y）	$\log Y$	X	X^2	$X \log Y$	对数趋势值	趋势值
1770	3612	3.5577	−15	225	−53.3655	3.5369	3443
1771	2547	3.4060	−14	196	−47.6840	3.5758	3765
1772	5307	3.7249	−13	169	−48.4237	3.6147	4118
1773	2906	3.4633	−12	144	−41.5596	3.6536	4504
1774	5707	3.7564	−11	121	−41.3204	3.6925	4926
1775	6694	3.8257	−10	100	−38.2570	3.7314	5388
1776	6216	3.7935	−9	81	−34.1415	3.7703	5892
1777	7037	3.8474	−8	64	−30.7792	3.8092	6445

续表

年份	数据（Y）	log Y	X	X^2	X log Y	对数趋势值	趋势值
1778	6569	3.8175	−7	49	−26.7225	3.8481	7049
1779	5861	3.7680	−6	36	−22.6080	3.8870	7709
1780	6877	3.8374	−5	25	−19.1870	3.9259	8431
1781	5199	3.7160	−4	16	−14.8640	3.9648	9221
1782	11828	4.0730	−3	9	−12.2190	4.0037	10090
1783	9736	3.9884	−2	4	−7.9768	4.0426	11040
1784	11482	4.0599	−1	1	−4.0599	4.0815	12060
1785	18400	4.2648	0	0	0	4.1204	13190
1786	19475	4.2896	1	1	4.2896	4.1593	14430
1787	23250	4.3664	2	4	8.7328	4.1982	15790
1788	20467	4.3111	3	9	12.9333	4.2371	17260
1789	32576	4.5130	4	16	18.0520	4.2760	18880
1790	31448	4.4976	5	25	22.4880	4.3149	20650
1791	28707	4.4581	6	36	26.7486	4.3538	22580
1792	34907	4.5429	7	49	31.8003	4.3929	24710
1793	19041	4.2797	8	64	34.2376	4.4316	27020
1794	24359	4.3867	9	81	39.4803	4.4705	29540
1795	26401	4.4216	10	100	44.2160	4.5094	32310
1796	32126	4.5069	11	121	49.5759	4.5483	35340
1797	23354	4.3683	12	144	52.4196	4.5872	38660
1798	31881	4.5035	13	169	58.5455	4.6261	42280
1799	43379	4.6373	14	196	64.9222	4.6650	46240
1800	56011	4.7483	15	225	71.2245	4.7039	50580
总计		127.7309		2480	96.4981		

$$\log a = \frac{\log Y}{N} = \frac{127.7309}{31} = 4.1204$$

$$\log b = \frac{X \log Y}{X^2} = \frac{96.4981}{2480} = 0.0389$$

$$\log Y = 4.1204 + 0.0389 X$$

采用反对数 $Y = (13190)(1.093)^X$

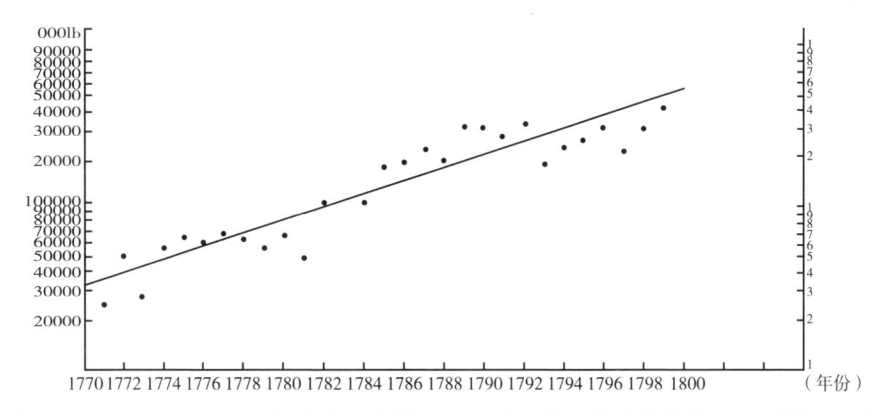

图 7-5　1770~1800 年英国原棉进口情况（具有对数线性趋势的半对数尺度）

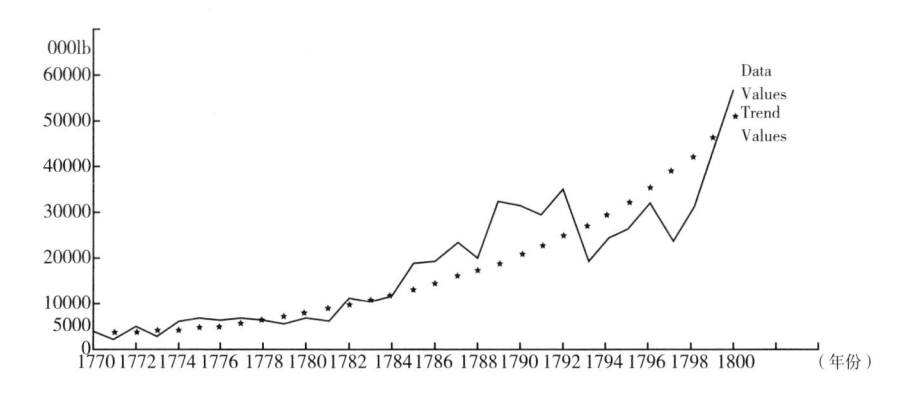

图 7-6　1770~1800 年英国原棉进口情况（趋势自然尺度）

因此，直接将棉花进口的增长率视为每年 9.3%。实际上，这样做的好处是非常明显的。即使原始数据大致落在一条线上，进行对数线性趋势的计算也往往比进行原始数据线性趋势的计算更可取。

（四）时间序列的定期波动

上一节集中讨论了使用线性趋势来计算增长率的优势。此外，正如我们所见，线性趋势能够表示时间序列中长期因素的影响。以表 7-1 中的数据为例，还可以认为这代表了英国制造业实力的长期增长以及外国对英国产品的需求增长。除了这种出口增长的长期趋势之外，图7-4也清楚地表明在长期趋势周围存在明显的波动，下文将继续讨论如何分析这些波动。

时间序列分析的方法假设存在三种可能的波动类型，两种是定期波动，一种是不定期波动。第一种类型的定期波动称为季节性波动，包括由于天气，一周或一年之内的工作和休闲方式以及其他每周、每月、每季度或每年定期发生的波动。在工业化前社会中，这种波动，特别是由天气引起的波动，对工作方式和生活的许多其他方面产生了重大影响：冬季旅行困难，工厂在夏季缺乏水动力，食物价格在冬季和收成前上涨。即使在现代社会中，圣诞节或复活节等特殊的年度假期也会影响工作方式，而且不同季节的食品价格仍在变化。因此，任何由少于一年时间间隔收集的数据所组成的时间序列都可能受到季节波动的影响。当然，表7-1这样的时间序列不会受到季节变化的影响，因为数据仅按每年的时间间隔收集。

为了说明间隔时间序列中的季节性波动的方法，我们将使用另一组数据，其中包括温彻斯特学院1713~1718年购买小麦的价格。这些价格是贝弗里奇勋爵收集的，他对英格兰物价和工资的研究是我们研究生活水平的重要证据。我们需要从序列中去除季节性影响，主要目的是我们要研究在特定年份可能会导致饥荒或过剩的短期波动，而且还需要在不受每年定期波动的影响下研究价格的长期趋势。

为了分离出季节的影响，首先要估算趋势值，从图7-7和表7-8可以看出，该序列具有下降趋势。如果不消除这种趋势的影响，它将影响我们对季节变化的估计。因此，根据表7-8第三列所示的序列，可以估算线性趋势，并根据趋势值计算序列的偏差。为了计算常规的季节性分量，现在取每年第一季度的所有值，并计算其算术平均值，并对第二、第三和第四季度重复此操作，得出表7-8第四列所示的值。这些值代表每个季度序列中的平均上升或下降，这就是我们所说的季节性因素。从趋势的偏差中减去这些季节性的值，得出的差值（第五列）代表了除长期趋势或季节性因素之外其他因素的影响。我们还可以从原始序列中减去季节性成分（如第六列），从而提供进一步的序列，既包括长期趋势也包括剩余波动，但不包括季节性影响。

如果每周或每月收集一次数据，我们将遵循完全相同的过程，找出一年中相应周或几个月的偏差平均值。应该指出的是，还有许多方法可以找出季节性变化，详见参考书目中所列的统计书籍。

一旦从数据中消除了季节性波动，我们就会得到另外两种类型的波动，一种是周期波动，另一种是不定期波动。首先是定期波动，通常称为周期性波动，它与季节性波动的区别在于，周期性波动的间隔时间一般超过一年。这种波动的最常见类型是商业或贸易周期的波动，经济史学家利用这种波动来描述经济活动中周期或半周期交替，在19世纪表现得更为显著。

表 7-8 英国供热价格季节性波动的数据

时间		小麦的价格（每季度）	趋势值*	偏离趋势	季节成分**	去趋势淡季序列	淡季序列
1713年	第一季度	42.67	46.71	−4.04	−0.63	−3.41	43.30
	第二季度	56.88	45.86	+11.02	+1.80	+9.22	55.08
	第三季度	49.78	45.01	+4.77	+0.77	+4.00	49.01
	第四季度	46.21	44.16	+2.05	−1.94	+3.99	48.15
1714年	第一季度	32.00	43.31	−11.31	−0.63	−10.68	32.63
	第二季度	32.00	42.46	−10.46	+1.80	−12.26	30.20
	第三季度	32.00	41.61	−9.61	+0.77	−10.38	31.23
	第四季度	28.44	40.76	−12.32	−1.94	−10.38	30.38
1715年	第一季度	46.21	39.91	+6.30	−0.63	+6.93	46.84
	第二季度	49.78	39.06	+10.72	+1.80	+8.92	47.98
	第三季度	42.67	38.21	+4.46	+0.77	+3.69	41.90
	第四季度	35.56	37.36	−1.80	−1.94	+0.14	37.50

续表

时间		小麦的价格（每季度）	趋势值*	偏离趋势	季节成分**	去趋势淡季序列	淡季序列
1716年	第一季度	39.10	36.50	+2.60	−0.63	+3.23	39.73
	第二季度	39.10	35.65	+3.45	+1.80	+1.65	37.30
	第三季度	40.29	34.80	+5.49	+0.77	+4.72	39.52
	第四季度	33.77	33.95	−0.18	−1.94	+1.76	35.71
1717年	第一季度	43.84	33.10	+10.74	−0.63	+11.37	44.47
	第二季度	32.00	32.25	−0.25	+1.80	−2.05	30.20
	第三季度	32.00	31.40	0.60	+0.77	−0.17	31.23
	第四季度	32.00	30.55	+1.45	−1.94	+3.39	33.94
1718年	第一季度	24.89	29.70	−4.81	−0.63	−4.18	25.52
	第二季度	23.70	28.85	−5.15	+1.80	−6.95	21.90
	第三季度	26.67	28.00	−1.33	+0.77	−2.10	25.90
	第四季度	24.89	27.15	−2.26	−1.94	−0.32	26.83

* 趋势值是根据估计的线性趋势方程式（由快捷方法计算得出）得出的，该方程式为：价格 $=36.93-0.85×$ 时间。

** 季节成分的计算方法是：取第一季度所有趋势偏差的平均值，然后取第二季度与第二季度的偏差的平均值，依此类推。得出的值为 −0.87、+1.56、+0.53、−2.18；将这些值相加得出 −0.96，但根据定义，季节性变化在全年中应具有中性或零影响。因此，从每个季节性平均值中减去 −0.96/4=−0.24，得出 −0.63、+1.80、+0.77、−1.94，这些总和为零。后四个值用作季节变化的估计值。

资料来源：贝弗里奇：《英国的价格与工资》，第一卷，第 82 页。

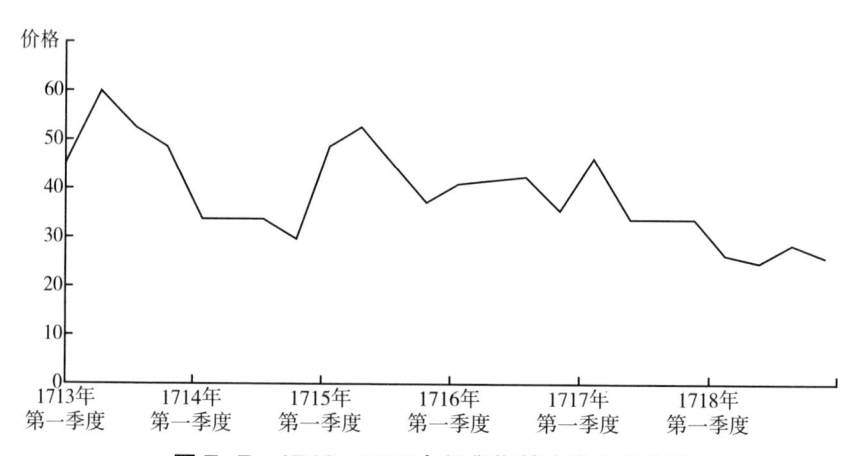

图 7-7 1713~1718 年温彻斯特大学小麦价格

商业周期一般都有定期的变化，从萧条到繁荣，再回到萧条，通常为7~10年，一些经济史学家也在试图区分持续了多个世纪的经济"长波"。

正如前文所说，时间序列分析方法假设时间序列中可能存在周期性波动，因此提出了减轻波动影响的方法。但是，历史学家是否要使用这些方法来降低周期性波动的影响，完全取决于他是否认为历史序列中存在这样的周期。这是一个历史问题，而不是一个统计问题。例如，历史学家可能认为，没有任何有规律的周期性因素会影响数据质量，因此他的时间序列只受长期趋势和不规则波动的影响。如果他相信这一点，那么他可以不使用删除一个不存在的周期性成分的方法，他可以忽略接下来的部分分析。

但是，如果我们相信时间序列中存在周期性情况，则需要区分它以便研究，并分析当我们从时间序列中去除两种趋势后留下的不规则波动。从序列中去除循环成分的最常见方法是移动平均数方法。根据表7-9和图7-8可以得知移动平均数方法运用的过程和得出的结果，它显示了一组假设数据：具有绝对规则的周期性波动，每四年出现一个峰值，每四年出现一个低谷。如表7-9所示，如果首先取前四个值的算术平均值，其次取第二个到第五个值的平均值，再次取第三个到第六个值的平均值，依此类推，则得到一个绝对规则和线性的序列，也就是说它没有波动。因此，可以采取移动平均数方法来消除周期性成分的影响。

然而，采用这种方法有一些困难，历史学家通常对此不太了解。在表7-9中，可以通过取四年内的移动平均值来消除周期性成分。取四年而不是三年的平均值，是因为我们的假设序列具有四年的绝对规则周期（从峰值到峰值的距离或从低谷到低谷的距离）。因此，当知道周期性是多少时，该方法是有效的，然后可以选择移动平均线来适应这种周期性。

然而，在大多数历史案例中很难确定准确的周期是什么。

表 7-9 移动平均数的计算方法：假设数据

时间	数据值	四年总计	四年平均值	五年总计	五年平均值
0	6				
1	5	20	5		
2	4	20	5	26	5.2
3	5	20	5	25	5.0
4	6	20	5	24	4.8
5	5	20	5	25	5.0
6	4	20	5	26	5.2
7	5	20	5	25	5.0
8	6	20	5	24	4.8
9	5	20	5	25	5.0
10	4	20	5	26	5.2
11	5	20	5	25	5.0
12	6	20	5	24	4.8
13	5	20	5	25	5.0
14	4	20	5	26	5.2
15	5	20	5		
16	6				

注：按照惯例，将 n 年的总和与移动平均值放在表格中与计算它们的时间段中点相对的位置。

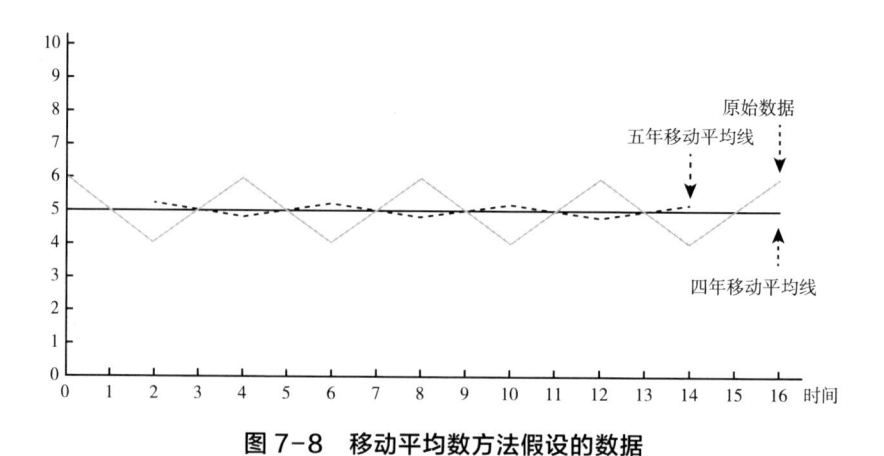

图 7-8 移动平均数方法假设的数据

19世纪的商业周期长短不一，从五年到十年不等。看起来似乎可以简单地确定一个周期的平均长度，比如九年，并以此作为移动平均计算的基础。然而，移动平均数的成功在很大程度上依赖于它所选择的周期长度，一个错误的周期长度会产生误导性的结果。这可以从表7-9中看出：如果出于某种原因，我们选择将五年的周期长度纳入数据，就很难得出一个平稳的序列。此外，五年移动平均数序列中的峰值将与原始序列中的波谷相对应，在这种情况下，基于移动平均值的序列将完全不能准确地反映原始序列。

在图7-8的例子中，已经很明显地产生了一种误导性的印象。这种误导性的结果在真实的历史例子中可能体现的不太明显。因此，希望使用移动平均数的历史学家要始终警惕这样一种可能性——在去除周期性成分的同时，他可能也在改变剩余的时间序列。

移动平均数方法的另一个使用困难在于，因为它已经被证明可以将规则波动引入不存在规则波动的序列，所以需要进一步研究这种可能性对历史时间序列的影响。与此同时，历史学家应该警惕在长时间序列中使用移动平均数方法。

如果历史学家确信时间序列中有一个有规律的周期，并且能清楚地识别周期性，那么使用移动平均数方法是合适的。表7-6（第三列、第四列和第五列）显示了适用于表7-1数据的五年移动平均数，其历史假设是：1820~1850年，存在影响英国国内出口的五年经济活动周期。该表第五列给出了该序列的循环部分，从去趋势序列（第三列）中减去该部分，剩下一个剩余序列（第六列）。

在讨论这个剩余序列之前，首先应该注意移动平均数方法还有一个缺点：它未对时间序列的开始和结束时的几年赋值。当使用的平均移动序列较长时，这一问题更加严重。比如贝弗里奇在他的一些农产品价格序列中使用的 31 年移动平均线，损失了每个序列开始时的 15 年和结束时的 15 年的信息。这一缺点是否有碍移动平均数方法的使用，将取决于所研究的时间序列的特征，以及序列开始和结束时数值的重要性。

一旦从序列中去除了周期成分，则只有一个剩余的时间序列，如表 7-6 的第六列所示。因为我们已经从序列中移除了趋势和规则波动，所以这代表序列中的不规则波动。如果我们认为不可能在序列中发现周期性波动，那么应该将表 7-6 中的第三列视为由不规则波动组成的。这个序列没有进一步的统计操作可以进行，历史学家必须使用其他技能和历史知识来解释为什么这些不规则的波动会发生。例如，1836 年的大幅上行波动和 1837 年的下行波动可能与美国经济的繁荣和崩溃密切相关：1836~1837 年，英国对美国的出口减少了 2/3。

值得一提的是，历史学家必须确保时间序列分析的假设与他所关心的特定时间序列的历史假设相匹配，从而在关于时间序列波动分析的这一部分得出结论。当使用移动平均数方法时，这种必要性是最显著的。出于这个原因，移动平均数的一个常见用法是——除非可以假定在时间序列中存在已知周期的情况下给出序列趋势，否则使用这种方法就是不可靠的。然而，如果时间序列分析的假设成立，那么这一方法对历史学家研究时间序列中的不同成分则非常有用，并且能够解释不同成分而不会混淆长期和短期、规则和不规则的运动。

（五）比例和指数的使用

在分析时间序列时，将序列中的每个值，通常是序列中第一年的值，表示为一年中的值的比例通常是有用的。通过这种操作，我们可以很容易地看到序列中的哪些比例正在变化。例如，在研究英国的出口数据时，了解 1830

年、1840 年和 1850 年的出口超过 1820 年的比例可以对出口价值的增长有初步的印象。我们可以简单地计算这些比例，将 1830 年、1840 年和 1850 年的值除以 1820 年的值，结果如表 7-10 所示。

表 7-10 英国国内出口价值占 1820 年总值的比例

年份	原始价值（百万英镑）	原始值除以 1820 年总值
1820	36.4	1.0000
1830	38.3	1.0522
1840	51.4	1.4121
1850	71.4	1.9615

如果愿意，可以将时间序列中的每个值表示为 1820 年值的一部分，从而创建一个新的时间序列，其值从 1820 年的 1.0000 开始，到 1850 年的 1.9615 结束。更常规的做法是不用比例来表示数值，而是用 1820 年的值的百分比来表示。因此，1820 年的值是 100.00，1830 年是 105.22，1840 年是 141.21，1850 年是 196.15。

这个过程就是"将序列转换成比例形式，基准年为 1820 = 100"。用这种形式表示序列有几个优点，其最主要的优点是在显示比例时，更容易理解比例的变化。

在以时间序列为单位很难处理一些问题时，该方法就特别有价值。例如，工资率通常用先令和便士表示，如果以比例序列的形式表示，工资率的变化会更容易理解。比例的另一个优点是比较一个序列和另一个序列更容易。例如，将 1820~1840 年的出口增长与同期的进口增长相比较，比较出口从 100.00 增长到 141.21，进口从 100.00 增长到 168.30，要比比较出口从 3640 万英镑增长到 5140 万英镑，进口从 5420 万英镑增长到 9120 万英镑更容易。

表7-11 不同基准年的英国国内出口比例序列

年份	原始价值（百万英镑）	1820=100	1830=100	1840=100	1850=100
1820	36.4	100.00	95.04	70.82	50.98
1830	38.3	105.22	100.00	74.51	53.64
1840	51.4	141.21	134.20	100.00	71.99
1850	71.4	196.15	186.42	138.91	100.00

比例值取决于基准年的值。从同一原始数列得出的比例序列根据所选的基准年而有所不同。表7-11显示了选择不同的基准年对表7-10中给出的一系列出口值的影响。

从表7-11可以明显地看出，不仅比例的值随基准年的选择而变化，而且作为该方法的自然结果，这些值之间的间隔也会变化。因此，可以说出口价值的区间是2.66（基数1850 = 100），也可以说区间是5.20、4.96或3.69。基准年的值越高，具有较低值的年份之间的比例序列的间隔就越小。

当我们选择计算数列的基准年时，应该意识到这样一个事实，在一个序列中，例如，英国的国内出口值有上升趋势，选择一开始的年份作为基数会给人一种该序列增长迅速的印象（例如从100.00到196.15），而选择较晚的年份似乎会使增长幅度降低（例如从50.98到100.00）。事实上，这种比例变化没有什么不同，但会在普通读者身上产生不同的印象。同样，在一个显示出相当大波动的序列中序列将提供不同的印象，这取决于所选择的基准年与趋势相比有上升还是下降的波动。

基准年的选择对于序列的使用是至关重要的。对于选择的问题来说，很难说有一个正确的答案，一般应选择一个接近趋势线的年份。选择接近这个序列的中心的年份也是明智的，但不幸的是，这两个要求可能会发生冲突。而且，由于需要使用比值来比较两个或更多的序列，这个问题常常变得复杂。在这种情况下，必须为所有序列选择一个基准年，使其中任何一个序列的失真程度最小,这往往是一项非常困难的任务,而且没有任何规则可以遵循。比例的这些缺点必须与使用比例所带来的实际好处进行比较。同时运用原始值与指数,可以规避这些缺点。

本节讨论了一个或多个时间序列被单独转换成比例形式的情况。比例的另一个优点是能产生一个综合指数,把许多不同的时间序列联系在一起。最常见的例子是零售价格指数,历史研究中使用的其他指数是工资指数和生活费用指数。在探讨生活水平是提高还是降低的问题时可以使用类似的指数,例如在工业革命期间。为了回答这些问题,有必要将生活成本与收入或工资进行比较,如果要做到这一点,就需要编制生活成本和工资指数。

作为编制指数的方法以及涉及统计和历史问题的一个例子,本节将编制1890~1900年的生活费用指数。生活费用包括食品、房租、服装、燃料和杂项,因此必须考虑每一项费用的变动。此外,这些项目中的任何一个都是由许多不同的成本组成的。必须考虑这样一个事实,即面包价格的变化会与肉、鱼或其他食物价格的变化不同。为了更加清楚地说明问题,我们假设已经编制了生活费用主要组成部分的指数,见表7-12。

接下来主要的工作是将这些不同生活成本指数合并成一个指数。一种简便方法是采用每年不同指数的算术平均值。以1890年为例,我们可以得出:

$$\frac{101+93+102+80+89}{5}=\frac{465}{5}=93$$

这一运算过程的困难在于编制指数,从而对1890~1900年的真实生活成本的变化有一个初步印象。现在,很少有家庭在五项生活项目上花费相等的成本。大多数人花在食品上的钱比花在其他需求上的钱要多,当然,也没有理由说服装支出与燃料支出一样多。因此，为了将生活成本指数应用到1890~1900年生活水平变化的问题上，必须考虑不同支出在不同家庭预算中的重要程度。因此，简单地对这五项支出进行算术平均值计算是不能令人满意的，相反，我们需要更加重视食品价格的变化，而不是燃料价格的变化，因为食品价格的变化会产生更大的影响。

我们通过给五项中的每一项分配"权重"来做到这一点。这些权重列于表7-12。我们判断，对于1890~1900年的普通家庭而言，食品支出是服装支出的5倍，所以食品价格的变化应该比服装价格的变化重要5倍。

表7-12　1890~1900年生活费用指数的组成部分（1900 = 100）

年份	食品（60）	房租（16）	服装（12）	燃料（8）	杂项（4）	综合指数
1890	101	93	102	80	89	97.68
1891	103	94	102	78	85	98.72
1892	104	95	101	78	81	99.20
1893	99	96	100	85	81	96.80
1894	95	96	99	73	75	93.08
1895	92	97	98	71	75	9146
1896	92	98	99	72	75	91.52
1897	95	98	98	73	75	93.28
1898	99	99	97	73	74	95.68
1899	95	99	96	79	76	93.72
1900	100	100	100	100	100	100.00

资料来源：A. L. Bowley, *Wages and Income in the United Kingdom since 1860*（Cambridge, Cambridge University Press, 1937）, pp.120-121。

为了计算每年的综合指数，我们将每个项目的指数乘以其权重，然后除以权重之和（在本例中，60+16+12+8+4=100，但权重不一定等于100），得到综合指数，如表7-12的最后一列所示。例如，对于1890年，有

（101×60）+（93×16）+（102×12）+（80×8）+（89×4）= 9768，除以100（权重之和），得到97.68作为生活费用的综合加权指数。因此，计算加权指数是一项相对简单的算术运算。

构建综合指数的困难不在于统计程序，而在于必须对证据和历史假设做出判断。例如，在计算表7-12中的英国生活成本指数时，假设使用的权重是19世纪90年代平均家庭预算的权重，并且适用于很多家庭，比如上层阶级或工人阶级家庭、苏格兰或德文郡的家庭、有或没有子女的家庭。在计算食品价格指数时，我们不得不对每种食品的权重做出类似的假设。进一步假设1890年的家庭预算分配方式与1900年相同，因此可以使用相同的权重。尽管这在十年内可能是合理的，但要对1870年甚至1914年做出类似的假设就很牵强。此外，选择1900年作为基准年。关于进行这种选择遇到的问题前文已经讨论过了。

如果要推导出综合指数，则必须做出假设和判断。强调构建综合指数的困难，并不是说不应该尝试该任务。综合指数对社会经济历史学家来说太有价值了。但是，必须在充分了解这些困难的情况下构造它们，因为综合指数的准确性和有用性在很大程度上取决于每个假设的有效性。

生活成本指数一般主要用于解释有关价格和收入问题。对于经济或社会历史学家来说，了解他观察到的价格或收入变化是不是"真实"变化的结果是很重要的。比如某历史学家正在研究商品质量对价格的影响或工人技能对工资的影响，或者这些变化是通货膨胀或通货紧缩的结果。16世纪的"价格革命"在一个世纪内大幅提高了商品的价格，历史学家研究一种商品的价格，重要的是要把影响价格变化的一般因素与特殊因素区分开来。他需要计算商品的"真实"价格。同样，研究工人阶级生活水平变化的历史学家必须能发现"实际工资"，即针对工人为生活必需品支付的价格变动而调整的工资。换句话说，工资必须以购买力来表示。

在这两种情况下,一组货币价值,无论是价格还是工资,都必须被一个价格指数压低,才能产生一组实际价值。例如,可以使用表 7-12 中得出的生活费用指数来缩减一系列工资。货币工资序列显示在表 7-13 的第一栏中,它是通过对不同职业的若干工资序列进行加权平均而得出的,其产生方式与生活费用综合指数大致相同。该指数最初是在 1914 年以 100 为基数计算的,后来以 1900 = 100 的基数重新计算并显示在表格的第二列中。只需将每个值除以 94(1900 年的值)并乘以 100。表 7-13 的第三列显示了生活成本指数。我们将生活成本指数的每个值除以货币工资指数的相应值,将结果乘以 100,并在表的第四列中得出最终数字。

表 7-13 1890~1900 年实际变动指数的构建

年份	货币工资 (1914=100)	货币工资 (1900=100)	生活成本 (1900=100)	实际工资 (1900=100)
1890	83	88.3	97.7	90.4
1891	83	88.3	98.7	89.5
1892	83	88.3	99.2	89.0
1893	83	88.3	96.8	91.2
1894	83	88.3	93.1	94.8
1895	83	88.3	91.2	96.8
1896	83	88.3	91.5	96.5
1897	84	88.4	93.3	95.8
1898	87	92.6	95.7	96.8
1899	89	94.7	93.7	101.1
1900	94	100.0	100.0	100.0

资料来源:货币工资指数来源于 E. C. Ramsbottom,参见 B. R. Mitchell and P. Deane, *Abstract of British Historical Statistics*, p.345;生活成本指数来自表 7-12。

从表 7-13 中很容易看出,刚刚计算出的"实际"工资指数与货币工资指数有显著差异。货币工资指数从 1890 年到 1896 年保持稳定,1900 年显著上升,而实际工资指数 1890~1892 年一直下降,1893~1896 年总体上升,

1897年略有下降，之后上升。研究这一时期工会历史的历史学家需要意识到这种分歧——仅仅了解货币工资率，并不能很好地指导我们了解这一时期的劳动史。

本节只讨论几种较为简单的构建指数的方法，以及它们最常见的用途。构建方法的不同主要取决于如何分配权重、选择基准年等条件。因此，历史学家在遇到指数问题时，可以根据相关的概念查阅参考书目中列出的书籍。

8 变量之间的关系

8 变量之间的关系

前几章讨论了历史学家所使用的定量研究方法。近些年，一些历史学书籍或文章使用了更复杂的方法，如频率分布、集中趋势和离散度的度量，以及本书讨论的时间序列分析方法。运用这些统计方法，很多重量级的历史著作得以出版问世。当然，熟练使用定量方法的历史学家还应更进一步，即使用其他更复杂的方法来分析历史材料。本章集中探讨在历史写作中帮助我们发现核心问题（两组历史事件之间的关系）的一项技术方法，"相关性和回归分析"。

历史学家讨论的许多问题可以概括为是否存在"关系"的问题。例如，在研究1907年的航运业时，我们需要知道船员人数和吨位之间是否存在关系；1688年的收入与社会地位之间是否存在关系；1086年的养猪数量和地区规模之间是否存在关系；下议院每一票表决结果之间是否存在关系；19世纪英国的进出口是否存在关系，诸如此类的"关系"问题。在询问是否存在关系时，我们希望知道两个或多个事件是否完全独立，或者是否存在某种关系，即使这种关系比较微弱。在判断是否存在关系后，我们可以继续询问这种关系有多强，它表现为什么形式。例如，我们想要知道这种关系的强度，是当A发生时B必然发生，还是B在大多数情况下（但不是全部）会跟随A发生。这种关系是否具有以下形式：当A增加时，B也增加；或是当A增加时，B减少。

有大量的统计技术可以帮助我们回答这些问题。但是，重要的是要认识到，只有当我们运用历史知识提出明智的历史问题时，这些技术才能为我们提供帮助。因此，完全可能使用这些统计技术来检验下议院投票与月份之间是否存在关系，并且很可能碰巧在两者之间存在统计关系。但是，这种关系对历史学家来说毫无价值。询问这两者是否存在关系是一个愚蠢的问题，自然会得到一个不靠谱的结果。换句话说，在使用相关和回归技术之前，我们必须能说明两个变量可能是如何相关的，然后验证理论是否得到统计证据的支持，我们必须能用历史以及统计术语描述两种事物之间可能存在的关系。

从本质上讲，关于两个或两个以上的历史事件，我们可以回答三个问题。这三个问题是：

1. 历史事件之间有关系吗？
2. 这种关系的强度是多大？
3. 构成这种关系的形式是什么？

下文将讨论有助于回答这些问题的统计技术。

（一）历史事件是否存在关系

作为历史研究的结果，我们认为一系列事件与另一系列事件有关。换句话说，我们可以进行假设，其形式为"我认为变量1与变量2相关"。在某些情况下，假设可能会有谬误存在，但证明却非常重要。例如这样的假说"英国都铎王朝叛徒的斩首与死亡有关"。关于关系的最有趣的假设当然不是这种形式。如果参考生理学定律，那么这一关系就变成不可检验的，所以需要更复杂的证明。

通过比较原有假设与对立假设"变量1与变量2不相关"，我们可以轻松地解决关于如何证明"变量1与变量2有关"的问题。该对立假设等同于"变量1独立于变量2"，这意味着变量1的值与变量2的值之间不存在任何关系（除了它们都与同一个案例有微弱联系外）。另一个等效的假设是"对于相同的情况，变量1的值根本无法帮助我们预测变量2的值"。作为一个例子，我们可以将"船员人数与船只大小有关"与其对立假设进行对比，比如"船员人数与船只大小无关"，或者"船员人数与船只大小无关"，或"知道船员的数量根本无助于我们预测船只的大小"。

根据这些对立假设重新表述原始假设的价值在于，我们可以探讨两个变量之间的关系，分析如果这两个变量真的相互独立，数据会是什么样？事实上，我们在假设变量是独立的基础上，构建了一个替代数据集，并将其与实际数据集进行对比，因为原始假设是两个变量相关。如果两个数据集（一个真实的和一个假设的）看起来非常相似，那么可能得出这样的结论：最稳妥的假设是这两个变量不相关。如果这两组数据差别很大，则可以较确定地假设变量之间存在某种关系。我们仍无法知道这种关系是什么形式的。例如，以航运为例，我们基于独立性假设构建了一个替代数据集，并将其与实际数据集进行对比。如果发现两者有很大的不同，则可以得出结论，船员人数与船只大小之间存在关系。然后，继续（部分通过进一步的统计工作，部分在历史知识的基础上）研究这种关系可能是由什么引起的。

为了将真实数据集与假设数据集进行对比，需要做两件事。我们需要构建替代的假设数据集，并且需要判断该假设数据集是否确实不同于真实数据集。我们将讨论两种方法。第一，计算权变系数 C，无论数据是定类型、定序型还是定距型的都可行。第二，计算相关系数 R，仅在数据是定距型时才可行。当数据为定序型时，将不讨论其他几种适用的方法。定序变量在历史工作中并不常见，因此不太可能经常使用这些方法。

但是，应该注意的是，当数据显然是定距型的，但是研究者对此有疑问时，可以使用适合于定序变量的方法。一个例子是第 2 章中引用的格雷戈里·金关于收入和社会阶层的数据。在这种情况下，可以使用序数方法，并将所得结果与针对定距变量的方法所得结果进行比较。在这种情况下，使用序数方法是比较稳妥的，并可以与其他方法进行比较。

我们将首先探讨权变系数的计算和解释。顾名思义，它最常用于确定以列联表形式列出的变量之间是否存在关系。下文通过一个英国政治史的例子来说明它的使用。无论是自由党还是保守党，1841 年选出的国会议员对各自的政党都非常忠诚，但对某些问题的看法则与党派忠诚无关。例如，在

1845~1846年废除《玉米法》的问题上，许多保守党成员投票反对保守党领袖和首相罗伯特·皮尔。因此，研究该议会在其他问题上的投票是否遵循政党路线是有意义的。例如，可以探讨1844年关于是否应将棉纺厂儿童的日常劳动时间限制在10小时的辩论结束时，党派关系是否决定了投票行为。在那次投票中，94名自由党成员和100名保守党成员投票支持限制，56名自由党成员和135名保守党成员投票反对（见表8-1）。

表8-1 1844年《10小时法案》的观察和预期投票数据

	观察投票数据			预期投票数据		
	支持	反对	总计	支持	反对	总计
自由党	94	56	150	75.6	74.4	150.0
保守党	100	135	235	118.4	116.6	235.0
总计	194	191	385	194.0	191.0	385.0

资料来源：W.O. Aydelotte, "Voting Patterns in the British House of Commons in the 1840s'", Vol. V (1963), pp.134-163, Table 3.

我们感兴趣的是政党关系是否与议员们在这个问题上的投票有关。因此，最初的假设是政党关系和投票行为是相关的，而另一种假设是政党关系和投票行为是相互独立的。为了在这些假设之间进行选择，我们需要在政党关系和投票行为是独立的前提下构建另一种投票方式。完成此操作后，可以将实际投票模式与假设投票模式进行对比。

举个例子，如果自由党议员投票支持该法案的比例远远高于全体议员投票支持该法案的比例，我们自然会怀疑，对自由党的忠诚可能会令议员投票赞成该法案。相比之下，如果政党关系根本不影响投票，我们会发现自由党成员投票支持该法案的比例与所有投票支持该法案的成员的比例大致相同。这种基于常识的对比表明，我们可以开始建立假设的投票模式，想象政党关系和投票行为之间没有关系。

议会共有 385 位成员投票，其中 194 位（占 50.4%）赞成，而 191 位（占 49.6%）反对。在 385 位投票者中，有 150 位是自由党成员，其余 235 位是保守党成员。首先考虑自由党，如果自由党成员与对该法案进行投票之间没有关系，那么我们预计大约有 50.4% 的人会对该法案投赞成票，而 49.6% 的人反对。

通过计算得出 150 人中的 50.4% 是 75.6 人，我们认为，在假定独立或没有关系的情况下，预计 75.6 位自由党人会投赞成票，而不是实际投赞成票的 94 人。75.6 这个数字被称为自由党对该法案进行投票的"预期值"（在独立假设下预期），数字 94 称为"观察值"。然后，我们可以计算政党关系和投票的其他可能组合的预期值，并将结果安排在一个列联表中，如表 8-1 所示，可以将"预期"和"观察"投票模式进行对比。请注意，我们已经计算并在表的两边给出了行、列和总数。这有两个目的：首先，通过确保行和列的总数与原始数据相同，使我们能够检查预期值的计算；其次，它为我们提供了一种计算预期值的便捷方法。这是因为表的每个单元格的预期值可以通过将其所属的行的总数乘以其所属的列的总数，然后除以总计数得出。因此，对于投票支持该法案的自由党，预期值为：

$$\frac{150 \times 194}{385} = 75.6$$

这与我们之前得到的结果相同。

现在，我们已经完成了第一步，即在假设投票行为与政党关系不相关的前提下构建替代的假设数据集。其次，必须将观察投票数据与预期投票数据进行比较，以确定哪些假设（变量是相关还是无关）是最可接受的。我们通过从观察投票表的等效单元格中减去期望投票表的每个单元格，再进行平方去除负号，然后除以该单元格的期望值得到结果。

然后，对所有结果求和，得出一个称为 x^2 的量，写为"平方"。因此，对于表 8-1，计算为：

$$x^2 = \frac{(94-75.6)^2}{75.6} + \frac{(56-74.4)^2}{74.4} + \frac{(100-118.4)^2}{118.4} + \frac{(135-116.6)^2}{116.6}$$

$$x^2 = 14.8$$

因此，x^2 的一般形式为：

$$x^2 = \sum_{i=1}^{R} \sum_{j=1}^{C} \frac{(O_{ij} - E_{ij})^2}{E_{ij}}$$

其中 R 是行数，C 是列数，i 是行下标，j 是列下标，而 O_{ij} 和 E_{ij} 分别是每个单元格的观察值和期望值。

在有两行两列的列联表的特殊情况下，如表 8-1，会产生平方膨胀的结果。因此，必须运用更简便且更准确的替代公式。如果我们标记一个 2×2 列联表的单元格，如表 8-2 所示，由公式计算得出平方：

$$x^2 = \frac{385(|94 \times 135) - 7(56 \times 100)| - 385/2)^2}{(150 \times 235 \times 194 \times 191)}$$

$$= 14.02$$

表 8-2　标记 2×2 列联表的单元格

A	B	A+B
C	D	C+D
A+C	B+D	N

对表 8-1 的数据，计算的卡方为：

$$x^2 = \frac{385(|94\times 135)-(56\times 100)|-385/2)^2}{(150\times 235\times 194\times 191)}$$

$$= 14.02$$

当 N 大于 40 时，必须将此替代公式用于 2×2 列联表。如果不满足后一个条件，则应寻求替代程序。

由于我们已有一个 2×2 列联表，$N = 385$，因此在下一步计算中，我们将使用平方值 14.02，计算权变系数 C。这涉及一个平方的简单公式：

$$C = \sqrt{\frac{x^2}{N+x^2}}$$

代入数据以后：

$$C = \sqrt{\frac{14.02}{385+14.02}} = 0.1875$$

接下来，我们必须根据期望来解释这一结果，探究关于《十小时法案》的投票中，党派关系和投票行为之间是否存在关系。回到平方的第一个公式，可以看到，如果实际数据与假设数据相同，那么观察值等于预期值，则 x^2 为零。现在看一下 C，如果平方为零，那么 C 也将为零。

实际上，我们发现 C 的值非零，这表明实际投票方式和假设投票方式互不相同。因此，投票模式不支持对立假设，即党派关系和投票行为无关，我们可以得出结论。

在关于《十小时法案》的投票中，投票行为和党派之间存在某种关系。但是，应该指出，我们尚未考虑这种关系的牢固程度及其形式，也没有考虑与投票行为有关的其他因素。后文将解答这些问题，目前只考虑是否存在关系。

因此，权变系数提供了一种方法，通过该方法，我们可以将实际数据集与基于变量之间没有关系的假设而构建的数据集进行对比。这是一种可以广泛应用于不同类型数据的方法。但是，当有间隔类型的数据时，可以选择使用另一种方法——相关系数。这种度量工具利用了定距数据提供的附加信息，并且在更复杂的统计工作中也有相当大的用途。由于这两个原因，当有定距数据时，R 应该比 C 更合适。

我们将通过第 5 章中使用的运输数据示例来进行 R 的计算。在船只的可变特征中，列出了船只的吨位和船员人数。在 1907 年前后的这段时间，了解航运历史的人会意识到平均船型有变大的趋势。这可能增加了对海员的需求，因为更大的船需要更多的人来操纵。也许增加的空间有很大一部分是货舱，这使对海员的需求增加幅度不及对岸基货物处理人员的需求增加幅度。因此，要注意船只的吨位与其船员人数之间是否存在关系。

最初的假设是存在关系。另一种假设是吨位和船员人数是无关的。首先，考察在两种假设情况下，数据将会呈现何种变化。如果船员人数和吨位相关，那么特定船只的一个变量将有可能为我们提供另一变量的一些信息（无论多么粗略）。我们可以将一艘船与另一艘船进行比较，一艘船的吨位是另一艘船的两倍，则其船员人数约为另一艘船的两倍。

相反，如果船员人数和吨位之间是完全独立的，我们就不会认为一个变量的高值与另一个变量的高值相关联。对吨位的了解不会有任何帮助，即使这有助于我们猜测船员的人数。

在衡量这两种假设时，我们描述了一个可能的情况，即两个变量相关联，如果吨位高，则船员人数也是如此。对于其对立假设，如果吨位高，则船员人数可能高也可能低。立即出现的问题是："高与低有何意义？""我们如何衡量这些相对概念？"应当记得，判断变量的特定值是高还是低的一种方法是发现它是高于还是低于该变量的平均值，以及与平均值的差值。因此，我们可以调整两种假设，并指出，第一，如果这两个变量彼此相关，我们期望高于平均吨位的吨位与高于平均船员人数的船员人数有关。第二，如果这两个变量是独立的，那么超过平均吨位的吨位很可能会伴随着低于平均吨位的船员人数，也可能伴随着高于平均吨位的船员人数。在独立性的假设下，部分数据集会呈现表8-3中所示的情况。

表 8-3　假设变量相互独立的运输数据

船只	A：与平均吨位的关系	B：与平均船员人数的关系	A×B
1	高于平均值（+）	低于平均值（-）	负数
2	平均值（0）	平均值（0）	0
3	高于平均值（+）	高于平均值（+）	正数
4	低于平均值（-）	低于平均值（-）	正数
5	低于平均值（-）	高于平均值（+）	负数

如果对于每艘船，我们将其与平均吨位 A 的偏差乘以与平均船员人数 B 的偏差，有时会得出正数，有时会是负数，具体取决于表8-3中哪种情况适合特定的船只。从长远来看，这些正负数量往往会相互抵消，因此正负数量之和（与均值偏差的乘积）将接近零。

或者，如果两个变量相关，我们可能会遇到表8-4所示的情况。

从长远来看，会再次产生如表8-4所示的情况。将所有偏差乘积加起来，将得到一个很大的正数。

这表明，确定两个变量是否相关的一种方法是检查每种情况下其与每个变量均值的偏差乘积并求和。如果结果接近零，则这两个变量很可能不相关，但是如果结果与零相差不远，则可以合理地假设存在关系。

表 8-4　假设变量相关的运输数据

船只	A：与平均吨位的关系	B：与平均船员人数的关系	A×B
1	高于平均值（+）	高于平均值（+）	正数
2	高于平均值（+）	高于平均值（+）	正数
3	平均值（0）	平均值（0）	0
4	低于平均值（-）	低于平均值（-）	正数
5	高于平均值（+）	高于平均值（+）	正数

因此，为了探讨两个变量是否相关，我们可以先查看每种情况下每个变量均值的偏差。我们将根据公式计算：

$$\sum(X-\bar{X})(Y-\bar{Y})$$

如果此计算的结果为零，则可以假设两个变量无关。但是，如果结果不为零，则存在以下困难：越多的情况，结果可能会更大；如果变量以数百万而不是数百表示，结果也将更大，尽管比例偏差可能没有什么不同。因此，为了便于在不同数据集之间进行比较，可以首先将结果除以案例数，然后再除以每个变量的标准差的乘积。这消除了案例数量不同以及某些数据集在平均值周围的值分布比其他数据集大的影响。

结果公式如下：

$$\frac{\sum(X-\bar{X})(Y-\bar{Y})}{Ns_X s_Y}$$

其中 S_X 是一个变量的标准偏差,而 S_Y 是另一个变量的标准偏差,是 R 的公式,即乘积矩相关系数。如果两个变量不相关,则其值为零;如果两个变量相关,则其值为大于或小于零。

X 的标准偏差是:

$$s = \sqrt{\frac{\sum(X-\bar{X})^2}{N}}$$

因此可以重新写一个定义 R 的公式:

$$R = \frac{\sum(X-\bar{X})(Y-\bar{Y})}{N\left[\sqrt{\left(\frac{\sum(X-\bar{X})^2}{N}\right)}\right]\left[\sqrt{\left(\frac{\sum(Y-\bar{Y})^2}{N}\right)}\right]}$$

可以用更方便的形式重写此公式,从而无须计算均值的偏差,例如:

$$R = \frac{N\sum XY - \sum X \sum Y}{\sqrt{[N\sum X^2 - (\sum X)^2][N\sum Y^2 - (\sum Y)^2]}}$$

表 8-5 显示了根据表 5-1 的运输数据计算 R 的过程。

如表 8-5 所示,运输数据的 R 值非零,因此可以得出结论,实际运输数据不同于在变量之间具有独立性的假设下可能构建的假设数据。在计算 R 时,我们实际上并没有像计算权变系数 C 那样构造替代数据集,但是原理保持不变——将真实数据集与假设数据集进行对比。本质上讲,使用这两种方法都会遇到同一个问题:"如果变量是独立的,实际数据集是否与期望数据集不同？"如果 C 或 R 都不为零，那么答案是肯定的，拒绝独立性的假设，而支持变量相关的假设。

（二）关系的强度？

在上一节中，我们讨论了如何确定两个变量是否相互关联。我们可能感兴趣的第二个问题是："这种关系有多紧密？"

表 8-5　相关系数 R 的计算（基于表 5-1 的数据）

官方编号	船员人数 Y	吨位 X	Y^2	X^2	XY
1697	3	44	9	1936	132
2640	6	144	36	20736	864
35052	5	150	25	22500	750
62595	8	236	64	55696	1888
73742	16	739	256	546121	11824
86658	15	970	225	940900	14550
92929	23	2371	529	5621641	54533
93086	5	309	25	95481	1545
94546	13	679	169	461041	8827
95757	4	26	16	676	104
96414	19	1272	361	1617984	24168
99437	33	3246	1089	10536516	107118
99495	19	1904	361	3625216	36176
107004	10	357	100	127449	3570
109597	16	1080	256	1166400	17280
113406	22	1027	484	1054729	22594
113685	2	45	4	2025	90
113689	3	62	9	3844	186
114424	2	68	4	4624	136
114433	22	2507	484	6285049	55154
115143	2	138	4	19044	276
115149	18	502	324	252004	9036

续表

官方编号	船员人数 Y	吨位 X	Y^2	X^2	XY
115357	21	1501	441	2253001	31521
118852	24	2750	576	7562500	66000
123375	9	192	81	36864	1728

$\sum Y = 320$ $\sum X = 22319$ $\sum Y^2 = 5932$ $\sum X^2 = 42313977$ $\sum XY = 470050$

$$R = \frac{N\sum XY - \sum X \sum Y}{\sqrt{\{[N\sum X^2 - (\sum X)^2][N\sum Y^2 - (\sum Y)^2]\}}}$$

$$= \frac{25(470050) - (320)(22319)}{\sqrt{\{[25(42313977) - 22319^2][25(5932) - 320^2]\}}}$$

$$= 0.9093$$

一个显而易见的答案是，C 或 R 与零的差值越大，两个变量之间的关系就越强。尽管这是事实，但这并不是一个完整的答案，因为如果两个变量完全相关，那么我们也很想知道 C 或 R 的值是多少。所谓"完全相关"，是指两个变量之间存在某种固定的关系，这样，对于一种特定情况，了解一个变量的值就可以确切地知道该情况下另一个变量的值。定义了 C 和 R 可能的范围（从独立到完全依赖），既可以判断任何特定数据集中关系的强度，还可以根据一组数据的强度将其与另一组数据进行比较。

考虑权变系数 C，就会发现，在具有独立性的情况下将产生零值。不幸的是，C 的最大值取决于列联表的大小。对于 2×2 表，变量之间的完美关系是 $C = 0.707$；对于 3×3 表，C 的最大值为 0.816。从而，我们可以得出结论，当 $C = 0.1875$ 时，党派关系与《十小时法案》投票之间的关联性很弱，在 2×2 表的 C 值可能范围之内。但是，我们无法将 2×2 表中的 C 值与 3×3 表中的 C 值进行比较，此外，我们不知道意外事件表中 C 的最大值，其中行数不等于列数。因此，我们介绍的权变系数，并不是最理想的度量工具，但是最常用的度量工具，而且其计算逻辑是很多其他测试的基础。

在有间隔数据的情况下，运算更方便，因为它明确定义了相关系数 R 的可能值范围；如果变量不相关，R 将为零；如果变量正相关，则 R 为 +1；如果变量负相关，则 R 为 −1。正相关是指，如果一个变量的值较高，则另一个变量的值也可能较高。在反比关系中，一个变量的值较高，另一个变量的值较低；反之亦然。由于 R 值的可能范围非常明确，就可以说我们从数据中获得的值将更接近 +1 或 −1，从而变量之间的关系就越近。由于值的范围不取决于案例数，因此可以直接比较一组数据中的 R 值与另一组数据中的 R 值。

使用船只吨位和船员人数得出的 R 值为 +0.9093。这表明我们这两个变量之间存在很强的正相关关系。如果这些数据能代表 1907 年的所有船只，那么可以说 1907 年所有英国商船的吨位与船员人数之间都存在很强的关系。这是一个独立的问题，将在下一章进行讨论。目前，必须强调的是，一组数据中存在特定的 R 并不意味着对于相同类型的所有数据都存在相似的 R 或相似的关系。

由于可以直接比较来自不同数据集的 R 值，因此可以通过计算其他年份的船只吨位与船员人数之间的相关系数继续进行商船运输研究，以考察吨位与船员人数之间的关系是否随着时间流逝增强或减弱。但是，在执行此操作之前，应该非常清楚对 R 的确切解释以及 R 的不同值，这将在下一节进一步讨论。

（三）关系的形式

对于某些历史问题来说，只需简单地确定两个变量是相关的，并估算这种关系的强度。只要这种关系相当牢固，而且历史学家确信这不是巧合（这个问题将在下一章讨论），他就可以运用他的历史知识来解释这种关系的历史意义。但是，在许多情况下，因为关系可以被假定为存在，我们会更加关注关系存在的确切形式而不是关系存在与否。

例如，经济史学者通常可以假设正在生产的特定商品的数量与商品价格之间存在某种关系。但是他不会对如何确定这种关系特别感兴趣，而是希望研究价格与数量的变化。相反，一个19世纪学习政治史的学生可能会认为，议员从党派关系出发投票是对知识本身的重要贡献。我们假设所有研究的目标，无论是从理论还是从经验出发，都是为了尽可能地发现问题，下文将以此为基础进行研究。

首先需要探讨的问题是两个变量之间关系的形式。我们将通过回答以下问题来探讨两个变量之间的关联方式："关系是正相关还是负相关？变量X必须改变多少才能导致变量Y的变化？变量Y的变化是仅仅由变量X引起的，还是涉及其他因素？"

如果数据是定类变量，并在列联表中分类，并通过使用列联系数或类似度量工具进行分析，则不适用于任何特定的统计分析方法。权变系数与相关系数不同，总是有正值，因此无法获知两个变量之间的关系是正相关的还是负相关的。

事实上，不需要测试就能知道这一点。如果想知道自由党是否与投票支持《十小时法案》正相关，可以直接根据投票结果判断。然而，在说明党派关系与《十小时法案》的投票有正面或是负面的关系时，这几乎没有意义。判断两个变量相关还是不相关，可以进行统计检验来找出答案。

统计分析可以帮助我们解决一个问题，该问题对于确定两个名义比例变量之间的关系非常重要。在《十小时法案》投票问题中，我们已经考虑了一个方面，即"在对该法案的投票中，党派关系重要吗？"然而，在做出肯定回答时，我们没有考虑到其他影响议员们的因素是否具有同等效力等问题。事实上，党派关系会是一个议员要考虑的因素，但也会有其他因素导致他反对自己的政党。许多保守党成员在1846年反对皮尔所持有的一种观点就是保护英国农业具有非常重要的意义。如果这一假设表明，议员个人或团体除忠诚于其党派之外还具有其他共同的"意识形态"，那么可以通过研究议员在许多议题上的表决来识别这种"意识形态"。

有助于解决此类历史问题的方法被称为古特曼量表技术，通过分析偶发数据以确定一系列问题的存在，并在理想情况下，根据议员对每个问题的投票使其沿频谱分布。在所有议题上都投赞成票的议员将在频谱的一端，在所有议题上都投反对票的议员将在另一端，而在某些议题上和其他议题上投赞成票的将处于中间位置。

如果能像艾德洛特教授研究19世纪40年代的英国议会那样，在数据中识别出这种频谱，就能提供与议员投票行为相关的宝贵信息[1]，然后回归我们的主题，即研究在一个议题上的投票与在另一个议题上的投票之间的关系。

然而，除了诸如古特曼量表技术之外，对定类变量关系形式的识别在很大程度上取决于数据的性质和所考虑的历史问题。本书参考书目中列出了许多研究方法，以说明解决这个问题的不同方法。

当数据是定距型时，统计技术可应用的范围更大。处理定距数据时，运用相关系数可以明确两个变量之间是否存在关系，而相关系数的符号告诉我们该关系是正相关的还是负相关的。例如，数据 R 的计算表明，船只吨位和船员人数这两个变量之间存在关系，而且是相当强的正相关关系（$R = +0.9093$），即随着吨位的增加，船员人数也增加。

然而，相关系数和其符号都不能告诉我们变量之间关系的确切形式。例如，这些信息没有告诉我们，一艘船需要增加多少吨位才能增加一个海员。而这些信息是有价值的。如果对船舶行业船舶规模不断增加的影响感兴趣就需要这些信息。同样，1870~1914年，关于英国工业的主要争论之一是人均

---

[1] W. O. Aydelotte, "Voting Patterns in the British House of Commons in the 1840s", *Comparative Studies and History*, Vol. V (1963), pp.134-163.

产量是增加还是减少，与此相关的是特定尺寸船只所需人员的资料，特别是与更早的时期进行比较。

我们需要知道吨位上升和船员人数增加之间的关系。我们需要回答这样一个问题："需要增加多少吨位才能增加一名海员？"图 8-1 以散点图的形式展示了船只数据，横轴为吨位，纵轴为船员人数。问"需要增加多少吨位才能增加一名海员？"等同于问："要让纵轴上升一个单位，必须沿着横轴走多远？"这很像在计算时间序列数据的线性趋势时考虑的问题："在代表时间的横轴上必须走多远才能使纵轴上升？"这种相似性表明，可以使用同样的方法，即尽可能将一条直线拟合到一组数据点上，来回答关于吨位和船员人数之间的关系问题。

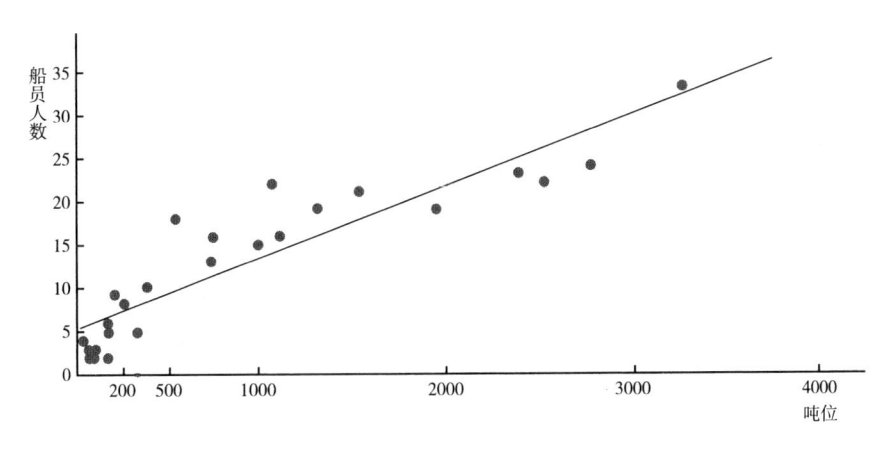

图 8-1　显示船员人数与吨位关系的散点图

资料来源：数据来源于表 5-1。

前文曾使用最小二乘方法将一条直线拟合到时间序列数据上。相同的方法同样适用于当前的问题，截距项 a 的意思完全相同，即拟合直线在水平轴上零点以上与垂直轴相交的点。斜率代表了在这种情况下，为了计算船员人数的相等变化而必须乘以吨位变化的次数。就像在时间序列示例中一样，它

- 139 -

表示必须乘以年数变化的次数才能得到同等的出口增长。同样，就像时间序列的例子一样，应用最小二乘法可以得出方程 $Y=a+bX$，其中 a 是截距项，b 是斜率，Y 是船员人数，X 为吨位。

表 8-6 显示了将最小二乘法应用于船只数据所涉及的计算，结果是，可以将 a 和 b 代入方程，并说明方程 $Y=5.4481+0.0082X$ 描述了吨位和船员人数之间的关系。

我们将线拟合到一组数据点的过程称为"在 X 上拟合 Y 的线性回归线"，或称为"在 X 上回归 Y"。在这个特殊的例子中，根据吨位回归船员人数。只需将船员人数称为 X 变量，将吨位称为 Y 变量，就可以根据船员人数推算吨位，然而这几乎没有历史意义。

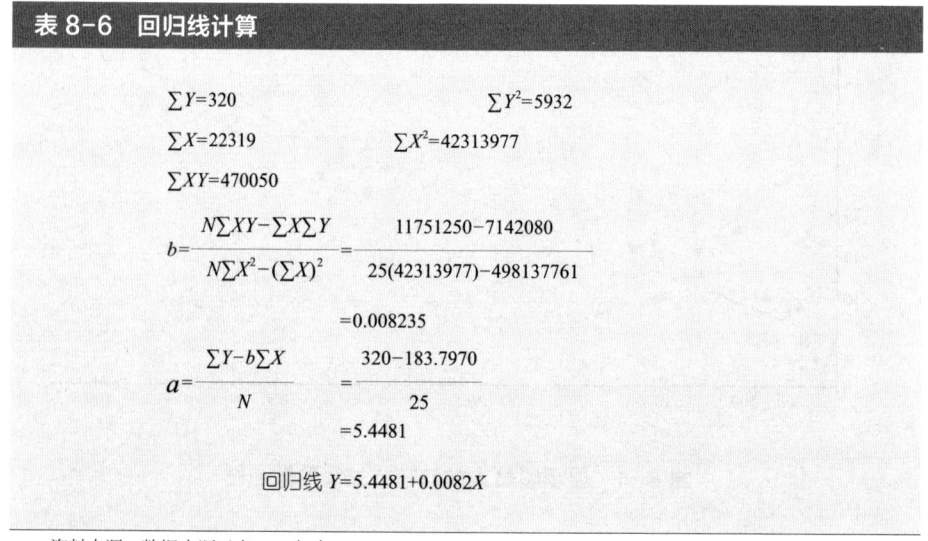

表 8-6　回归线计算

$$\sum Y=320 \qquad \sum Y^2=5932$$

$$\sum X=22319 \qquad \sum X^2=42313977$$

$$\sum XY=470050$$

$$b=\frac{N\sum XY-\sum X\sum Y}{N\sum X^2-(\sum X)^2}=\frac{11751250-7142080}{25(42313977)-498137761}$$

$$=0.008235$$

$$a=\frac{\sum Y-b\sum X}{N}=\frac{320-183.7970}{25}$$

$$=5.4481$$

回归线 $Y=5.4481+0.0082X$

资料来源：数据来源于表 5-1 与表 8-5。

最有可能的是，船主们在 1907 年建造吨位合适的船只，然后匹配到合适的船员人数。他们不太可能先找到船员，然后建造一艘吨位合适的船来雇用他们。换句话说，从历史上看，船员人数似乎取决于吨位，而不是相反。

因此，我们尝试拟合回归线以回答以下问题："船员人数究竟如何依赖于吨位？"因此，在这种情况下，代表船员人数的 Y 变量被称为因变量，而 Y 变量所依赖的 X 变量被称为自变量。我们应根据历史知识判断哪个是自变量哪个是因变量。

回归方程 $Y = 5.4481 + 0.0082X$，这是刚刚通过拟合 Y 在 X 上的回归线得到的，它告诉我们平均而言两个变量即吨位和船员人数之间的关系。实际上，这条线是对关系的估计。这是我们根据给定的数据做出的最佳估计，但必须认识到这只是一个估计，因为这条线并不完全通过所有数据点，而只是和它们比较接近。因此，需要知道线与数据点的接近程度，这相当于对变量之间关系的估算的准确度有所了解。

如果对数据点的"拟合"非常接近，估算结果很好，则可以说"平均而言，吨位每增加 1 吨，对海员的需求增加 0.0082 个"（或者"平均而言，吨位每增加 1000 吨，对海员的需求增加 8.2 个"）；如果拟合度不是很好，则在描述船只吨位变化对船员人数的影响时就不会那么确定。

相关系数是衡量回归线对数据的拟合优度的一个指标。如果数据点落在一条直线上，吨位越高，船员就越多，则相关系数为 1。当数据点偏离直线时，相关系数趋于零。在相关系数为 $R = +0.9093$ 的情况下，变量之间的关系是相当强的，回归线对数据点的拟合是相当好的。

计算拟合优度的另一种方法是考虑 X 在 Y 上的回归线计算在多大程度上帮助我们解释 Y 的变化。在时间序列的例子中，我们计算了时间序列中的线性趋势并得到了趋势值。我们一致认为这些趋势值可以被视为代表时间序列中由时间流逝的影响所决定或解释的那部分，因此从时间序列中减去这些趋势值。我们认为减去之后的结果是由其他因素（如周期性波动）决定的时间序列的那一部分。整个复杂的变化条件，在时间序列中以时间流逝来表现。

以类似的方式，我们可以尝试将 Y（船员人数）的变化分为两部分，第一部分由吨位变化来解释，第二部分归因于其他因素。用吨位解释的部分将用回归线表示（用时间解释的部分用最小二乘线表示），而由其他因素解释的部分将以数据点与该线的偏差表示。我们认为船员人数围绕平均船员人数而变化，就像之前以相对形式表示一样。从本质上讲，我们认为船员人数（在平均水平附近）的变化有很多原因，其中之一就是吨位的变化。最终，需要知道有多少变化是由于吨位变化引起的，又有多少是由于其他因素造成的。

由图 8-2 可以得知这一点。对于每个数据点，如图 8-2 中 A 所示，其与均值的距离分为两部分，一部分是均值到回归线的距离，另一部分是回归线到数据点的距离（观察这一过程的另一种方法是考察回归线方法能在多大程度上改进对特定吨位值对应的船员人数的估算。如果对船员人数和吨位之间的关系一无所知，那么对于任何吨位来说，对船员人数的最佳估算将是平均船员人数）。

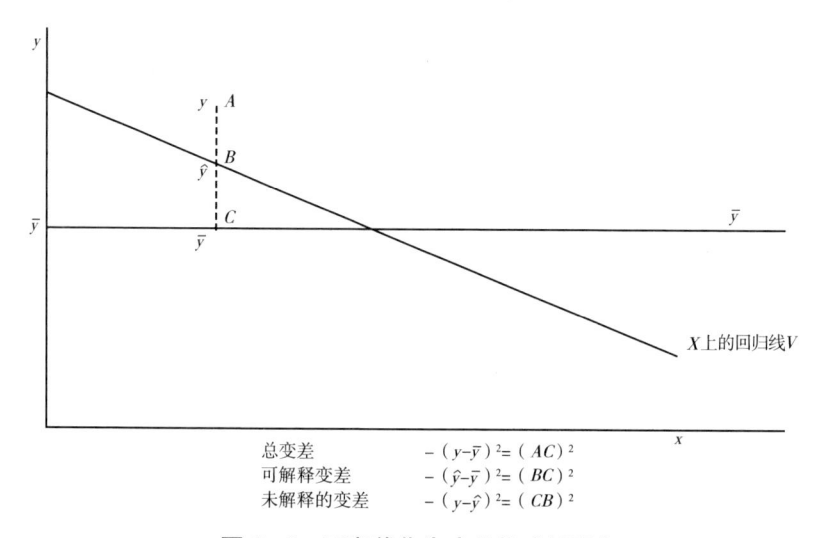

总变差 $-(y-\bar{y})^2=(AC)^2$
可解释变差 $-(\hat{y}-\bar{y})^2=(BC)^2$
未解释的变差 $-(y-\hat{y})^2=(CB)^2$

图 8-2 回归线作为变化的"解释"

在此基础上，如果将平均值和回归线之间的变化视为由吨位影响所解释的船员人数变化中的一部分，可以看到，对回归线拟合优度的衡量标准（因此，对吨位和船员人数之间关系估计的准确性也会受到影响）是"解释的变化"占全体船员人数变化的比例。

图 8-2 只显示了一个数据点的总体、"解释"和"未解释"的平均船员人数变化之间的关系。为了计算回归方程所解释的关于平均值的变化，面对所有数据点，将所有变化求平方（以消除正负变化相互抵消的影响），并对所有数据点求和。结果，被称为决定系数，即

$$\frac{\sum(\hat{Y}-\bar{Y})^2}{\sum(Y-\bar{Y})^2} \text{（平均值与回归估计值之间的距离）} \atop \text{（平均值和数据值之间的距离）}$$

计算决定系数有些费力，但一旦算出回归线，计算就很简单。例如，该值为 0.8268，因此可以认为回归线与数据点非常吻合，它解释了 0.8268，即 Y 的变化的 82.68%。换句话说，82.68% 的船员人数的变化是由吨位的变化引起的。

实际上，不需要直接计算决定系数，因为可以证明它等于相关系数 R 的平方。因此，决定系数通常写为 R^2。因此，回归方程拟合优度的最佳度量是相关系数的平方，因为它准确地告诉我们，由于 X 的影响，我们已经通过 Y 对 X 的回归方程解释了 Y 的变化比例。这一事实也有助于我们判断两个定距尺度变量之间相关性的强度，上一节讨论了这一点。例如，如果计算出两个变量之间的相关性为 0.9，那么因变量中 81% 的变化是由自变量的影响来解释的。如果在另一种情况下相关系数仅为 0.6，则仅解释了变化的 36%。由于这个原因，人们不应该对 R 小于 0.7 的关系要求太多，因为不到一半的变化可归因于关系的影响，而剩下的则归因于其他因素。

综上所述，关于相关分析和回归分析必须强调四点。第一，本章只讨论

了线性相关和回归，也就是说，在这种情况下数据点可以用直线表示。两个变量之间完全可能存在很强的非线性关系。如果是这样的话，计算线性相关系数 R 会得到一个非常低的相关性，而线性回归线对数据的拟合会非常差。因此，在计算兰德回归线之前，将数据绘制在散点图（图8-1）上是明智的。只有当直线关系存在时，才应计算它们；如果曲线更适合，可参考统计学教科书。

第二，我们考虑了一个例子，其中只有一个自变量被认为会影响因变量，该方法可推广到有两个或两个以上自变量的例子中。

第三，历史研究中经常使用相关性和回归分析方法，在有限证据的基础上对两个变量之间的关系做出一般性的陈述。例如，我们想要用手中的证据对船员人数与吨位的关系做出一般性说明，其实仅有1907年25艘商船的数据。这一问题将在第9章讨论。本章只关注数据关系，而不是从这些数据中得出的结论。

第四，我们必须再次强调，相关性和回归分析方法以及类似的名义方法是有意义的，但应用是有前提的，即要有理论支撑。

（四）时间序列数据的相关和回归

历史学家往往会探索两个变量之间的关系，每个变量都是一个时间序列。事实上，与没有时间因素的例子相比，时间序列更适合用于历史研究。但是，使用这种方法的原因在于时间因素使相关分析和回归分析更加复杂，便于提高分析的精度。由于不可能只考虑一种复杂因素，因此任何真正准备对时间序列数据进行回归分析的历史学家都应参考其他教科书获取更多信息。

将回归方法应用于时间序列数据的主要复杂之处在于，两个线性趋势的相关性始终是完美的——如果两个趋势都沿同一方向移动，则它们之间的关系为正；如果不是，则两个线性趋势的关系都为负。从图 8-3 中可以很容易地看出这一点，图中分别绘制了两个线性趋势与时间的关系，散点图上的所有点均落在一条直线上，表明它们之间具有完美的相关性。由此可见，计算两个时间序列之间的相关系数，每个时间序列都具有线性趋势，则 R 值将受到趋势的影响。例如，假如探讨 19 世纪初英国进口和出口额之间的关系，如果两者都是上升的，则相关系数会相当高并且为正。如果我们想表达的进出口都在增长，这就无关紧要。然而，如果要探讨的是进出口的波动，即进口增长是否会促使出口增长，则相关性和回归估计将受到线性趋势的影响。

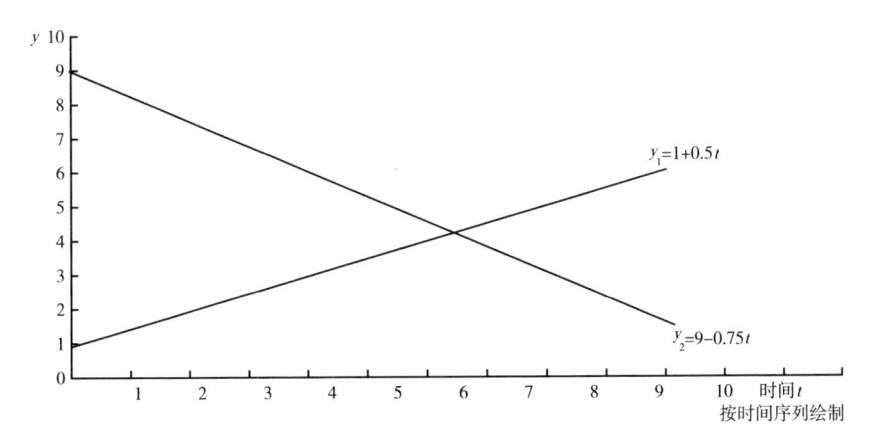

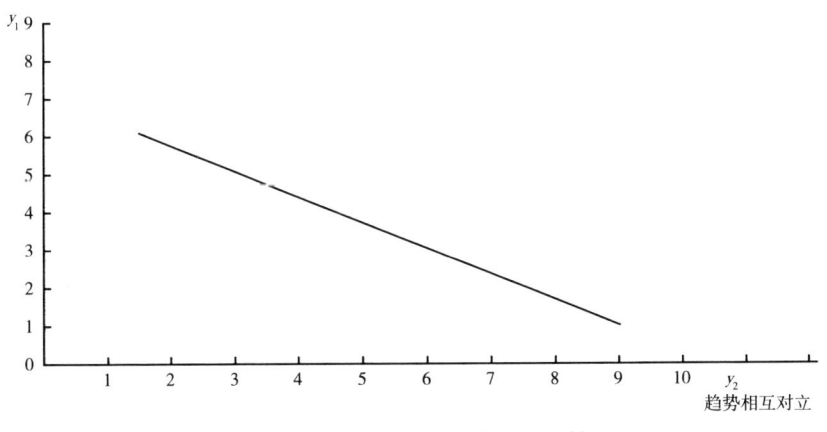

图 8-3　两个线性趋势的相关性

因此，当图中出现明显的时间变化趋势时，在进行相关和回归分析之前，消除其影响是明智的。可以通过计算每个变量的线性趋势，并从原始数据中减去趋势值来做到这一点。同样地，如果数据中明显存在强烈的周期性，而我们对非周期性波动之间的相关性感兴趣，那么尝试去除序列中的周期性因素是明智的。总的原则是设法保护符合我们调查目的的数据，而不是受外来影响的数据。

9 数据不完整的问题

历史学家研究某个历史问题时，都会在脑海中勾画一个能够解决问题的证据链。我们可以把这个理想情形看作一组数据，掌握这些数据将帮助历史学家找到问题的答案。尽管很明显，每个历史问题都有自己的理想数据集，但一个数据集会与另一个数据集重叠，就像一个历史问题会与另一个历史问题重叠一样。每一个理想的数据集都由一组案例组成，每个案例都有一组变量特征，这些变量特征将一个案例与另一个案例区分开来，构成一个理想的数据矩阵。

在一些历史问题中，很容易判断一个理想的数据矩阵所包含的内容。假设进行18世纪英国某教区的人口统计历史研究，作为建立人口变化年表的最低要求，理想的数据矩阵将包含：18世纪该教区内每个居民的出生、结婚和死亡日期。如果对人口变化的原因感兴趣，可以将职业和收入等变量添加到数据集中。在其他历史问题中，理想的数据矩阵则不太容易定义，但是可以想象它的存在。

理想的数据矩阵中将包含所有案例的所有变量信息。正如第3章讨论过的，在收集数据的过程中，要将数据矩阵填满，从而获得更多变量数据，并据此建立一个真实的数据矩阵，在此基础上开始数据分析。

遗憾的是，就大多数历史问题而言，我们能够收集到的真实数据并不足以建立理想的数据矩阵。历史学家可能会这样抱怨："要是对某某有更多的了解就好了"，而紧随其后的是："有这么多数据，我不知道该怎么处理它们！"换句话说，真实的数据矩阵与理想的数据矩阵是不同的，后者是历史学家在开始思考问题时有意或无意地建立起来的。

真实数据矩阵可能在许多方面与理想数据矩阵不同，二者之间的差异可分为四个类型，这四种类型分别是：

（1）信息过多；

（2）在一个或多个完整的案例中缺失信息；

（3）一个或多个变量上的信息完全缺失；

（4）某些案例的某些变量特征信息缺失。

第一种类型比较特殊，因为没有数据丢失；相反，有太多的数据，以至于历史学家无法有效地使用它们。之所以列出它，是因为这种情况代表了现实与理想的分歧，也因为克服这种缺陷的方法与讨论缺失数据的情况相关。

（一）信息过多：变量的选择

虽然使用计算机和机械辅助数据分析工具，如计算机和穿孔卡片机械，历史学家有可能分析大量的复杂材料，但在某些情况下，材料仍然多到理不出头绪。一些历史数据集是如此之大，以至于即使有了计算机，有效处理数据的任务仍太过艰巨。在这种情况下，如果历史学家希望继续研究这个问题，就必须从所获得的证据中进行选择，并且他的结论必须基于这些选择而得出。换句话说，他需要从真实数据集中选择案例和变量，直到构建理想数据集。他面临的问题是确定选择的原则。

首先要考虑的是变量的选择问题，并采用一种被广泛使用的历史研究方法，即"集体传记"（collective biography），指的是要尽可能多地收集那些参与政治或经济活动的人物的生平信息。这种方法可能与传统上只考虑少数起主导作用的人物的方法形成对比。例如，艾德洛特（Aydelotte）教授曾收集了1841年所有国会议员的信息，并通过这些信息研究了国会的行为，而不是传统上只研究皮尔（Peel）、拉汉姆（Raham）、罗素（Russell）、本丁克（Bentinck）、迪斯雷利（Disraeli）和其他少数几位政党领袖的行为。[1] 拉伯（Rabb）教授不仅研究了17世纪英国海外贸易公司的主要人物，而且收集了

---

[1] W. O. Aydelotte, "Voting Patterns in the British House of Commens in the 1840s", *Comparative Studies in Society and History*, Vol. V（1963）, pp.134-163.

这些公司的所有投资人的信息。① 其他已进行的研究还有：在1789年革命中的法国人②，20世纪30年代德国纳粹的支持者③和英国的实业家④，"集体传记"方法也被应用于一些教区、城镇甚至对国家信息的收集。

在这些研究中，历史学家必须决定关于研究对象的信息哪些应该收集，哪些不应该收集。通常，这类决定是由现有证据的性质强加给历史学家的。例如，拉伯教授将他的研究局限于考虑每个投资者的三个变量：社会地位、国会议员身份以及其投资的公司。出生日期、死亡日期以及任职时间等其他信息，作为确认特定投资者的一种辅助信息，但没有被用于数据分析，因为拉伯教授所研究的8683名投资者能收集到其他信息的只有一小部分。出于类似的原因，艾德洛特教授被迫忽略了关于议员的财产和宗教信仰的信息。⑤

其次，不必收集某一特定变量信息，主要因为该变量与需要依据材料提出的问题无关。例如，拉伯教授并没有收集三个"当时非常重要的新兴企业的投资信息……沼泽排水、造船和渔业"，因为"它们会让我远离研究方向"⑥。谈及此事，拉伯教授承认有关此类投资的信息将非常有意义，但他辩称，这些信息与他探讨的有关英国海外投资的问题无关。判定某一特定信息集与被研究的主题是否相关，有效的依据是与该主题相关的历史知识。历史学家必须做的是，以其知识为基础建立一个理论，把他想解决的问题和想收集的证据联系起来。例如，拉伯教授提出了一个关于英国海外投资决定因素的理论，他认为社会地位、议会成员身份以及他们的投资是重要的，而其他

---

① T. K. Rabb, *Emterprise and Empire* (Cambridge, Mass., Harvard University Press, 1967).
② C. Tilly, *The Vendée* (Cambridgc, Mass., Harvard University Press, 1964).
③ W. S. Allen, *The Nazi Seizure of Power* (Chicago, 1965).
④ C. Erickson, *British Industrialists: Steel and Hosiery* (Cambridge, Cambridge University Press, 1959).
⑤ W. O. Aydelotte, *Quantification in History* (Reading, Mass., Addison-wesley, 1971), p.146.
⑥ T. K. Rabb, *Enterprise and Empire* (Cambridge, Mass., Harvard Univeristy Press, 1967), p.164.

信息是次要的。

将问题与证据联系起来的理论通常被称为"模型"。历史学家基于他的历史知识,以及其他如经济理论等知识储备,构建一个对历史事件或过程起决定作用的图像。在此基础上,他可以收集有关证据,并试图解答他感兴趣的问题。这样的模型可以很简单,只有少量的变量。例如,拉伯教授有三个模型。模型也可能非常复杂,在经济史上更是如此。例如,福格尔(Fogol)和恩格尔曼(Engerman)教授用 12 个变量来描述 19 世纪美国钢铁工业的发展。[1] 不管模型有多复杂,其价值主要在于它阐明了证据和变量之间的逻辑关系。当然,模型可以在研究过程中进行修改。这确实是研究的目的,即建立一个更好的理论来解释一些历史过程。但是,只有对模型或理论有一个清晰的概念时,我们才能决定一个特定的变量是否应包含在我们的研究中。

到目前为止,我们已经讨论了由证据的可用性和由历史学家构建的模型或理论所决定的变量的选择。第三种类型排除了那些无附加信息的变量。在最简单的情况下,信息可能以两种形式出现。例如,我们可以从一个来源得知一个男人结婚了,从另一个来源得知他结婚时 26 岁。使用这两类信息是没有意义的,因为后者包含前者。在更复杂的情况下,历史学家可能会觉得一个变量被另一个变量充分代替了。例如,霍克博士在研究英国铁路的影响时,考虑了铁路运输小麦的重要性,但没有考虑铁路运输其他谷物的重要性。[2] 由于小麦是最重要的谷物,他的研究结论不太可能因为其他谷物的加入而改变[3],因此被排除在外。

---

[1] R. W. Fogel and S. L. Engerman, "A Model for the Explanation of Industrical Expansion during the Nineteenth Century: With an Applicatior to the American Iron Industry", *Journal of Political Economy*, Vol. 77(1969), pp.306-328.

[2] G. R. Hawke, *Railways and Economic Growth in England and Wales, 1840-1870* (Oxford, Clarendon Press, 1970), p.192.

[3] W. O. Aydelotte, *Quantification in History* (Reading, Mass., Addison-Wesley, 1971), p.147.

一般来说，只有在历史学家有意识地做出决定的情况下，才能忽略某些变量。即使当一个变量因为没有证据而被忽略时，历史学家也应该意识到，他的分析中缺少了一些内容。正如艾德洛特教授所写的那样："学者必须以他所遗漏的知识为指导……以及包括什么……他还必须注意，不要做出与他所引用的数字相一致的推论，这对他所不得不忽略的证据是有害的。"

（二）信息过多：案例的选择

以谨慎和忠实于数据为原则忽略某些变量是可理解的。案例选择理论即遵循这样的原则，它的形式，即"抽样理论"，是大多数统计学教科书的基础。本章不详细讨论抽样方法，而只是指出它们所依据的主要原则。这样做有两个目的：一是使历史学家更容易阅读有关抽样方法的教科书；二是为讨论数据缺失问题提供背景。

在抽样时，我们从数据中选择一些情况，既希望减少必须处理的数据量，同时又不会影响从数据中得出的结论的准确性。因此，我们的目标是：如果研究所有的案例，那么基于选定案例研究得出的结论应该是可信的。换句话说，样本可以作为研究的基础。例如，研究1907年船只的平均吨位，可选择一个与船只平均吨位相同的船只样本。同样，我们可能会对商船更复杂的特性感兴趣——也许是使用蒸汽的比例或船员人数的均值和标准差。目标始终是相同的：找到一个样本，以此为基础对我们感兴趣的特征做出一个良好的估计。

任何从总数据集中选择或抽样的方法都会提供一些抽样数据，以便做出估计。做出选择后，就可以计算，例如，计算样本中船只的平均吨位，就可以估算所有船只的平均吨位。遗憾的是，我们无法判断这个估算有多准确，它可能非常准确，也可能非常不准确。因此，抽样理论首先提供了一种选择案例的方法，使我们能够得到相对准确的估算，其次判断这种估算的合理性。

抽样理论和方法基于两个概念——正态分布和独立随机抽样——以及根据这两个概念得到的定理。下文将分别探讨正态分布和独立随机抽样，并说明怎样运用它们帮助我们确定抽样方法。正态分布是频率分布的一种特殊形式。它们的特殊性在于，当与均值的距离以分布标准差的倍数表示时，分布中的一定比例位于分布的均值与任何给定的与均值的距离之间。例如，在分布中，68.26%的案例在平均值上方一个标准差和下方一个标准差之间；95.46%的案例在平均值上方两个标准差和下方两个标准差之间。因此，如果有一组平均数为175、标准差为25的正态分布（即形状近似正态分布）数据，则在这个分布中，68.26%的案例的数值位于150~200，95.46%的案例的数值位于125~225。正态分布有无数种，每种分布对应一组均值和标准差，但它们都具有这个性质。此外，这些正态分布中的每一个都可以通过公式 $Z=\dfrac{X-\bar{X}}{s}$ 转换成所谓的标准正态分布。

其中，X 为原正态分布的各值，$\bar{X}$、s 为原正态分布的均值和标准差，Z 为标准正态分布的值。

图 9-1 显示了标准正态分布，以及与分布均值一定距离内的案例数。

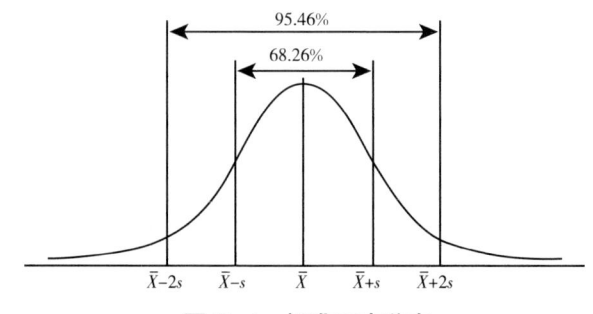

图 9-1　标准正态分布

抽样理论的第二个基础是独立随机抽样。随机样本是指在一个由案例组成的样本中，每个案例作为样本的一部分其被选择的机会是相等的，每个案例组合被选择的机会也是相等的。"独立"是指一个案例出现在样本中，不影响其他案例出现在样本中的机会。需要强调的是，只有满足了这些条件，样本才是随机的，随机样本并不是在历史偶然中幸存下来的，也不是由我们喜欢的案例组成的。在实践中，一般会选择一个随机样本，并利用随机数字表确保满足成立的条件。随机数字表的构建如下：任何一个数字在表中任何一点出现的机会，或任何数字的组合出现的机会，都是相等的。随机数字表中所列的数字满足随机抽样成立的条件。该随机数表的一小部分如表 9-1 所示。

例如，运用随机数字表从埃塞克斯庄园列表中选出一个随机样本，这个列表来自"英国国王 1806 年颁布的《土地志》"（Domesday Book），由表 4-1 中给出。表 4-1 中列出了 50 个庄园，我们将从列表中抽取 10 个庄园作为样本。

表 9-1　从随机数字表中抽取

75	56	97	88	00	88	83	55	44	86
23	79	34	87	63	90	82	29	70	22
94	68	81	61	27	56	19	68	00	91
18	28	82	74	37	49	63	22	40	41
13	19	27	22	94	07	47	74	46	06

首先，从第一个庄园瑞特开始对 50 个庄园进行编号，称它为 1，直到最后一个未标名称庄园，称它为 50。这 50 个庄园从中抽样的"总体"。其次，从随机数字表中的任意点开始，例如，从第三列顶部的数字 97 开始。这个数字大于 50，所以不能用。最后，选取与其紧邻的数字 34（也可以水平移动到数字 88）。34 小于 50，因此选择了第 34 个，即艾森汉姆庄园作为样本中的

第一个庄园。由在这一列继续向下，舍弃 81 和 82，选择数字 27，因此庄园列表中的第 27 个庄园，威斯菲尔德，成为样本中的第二个庄园。接着可以移动到表的另一列或另一行。假设移动到第四列的底部，找到 22，抽取第 22 个庄园。在第五列，找到 27。现在清单中已有第 27 个庄园，如果再次选择它，将有一个样本出现两次，因此，可以忽略这个数字（虽然没有必要这样做），继续抽取 37、07、19、47、29（忽略 22）、44、40（再次忽略 22）和 41 作为包含 10 个庄园的样本。在更大的样本中，比如从 3000 个庄园中，只需要采用 4 位数的随机数表，像前文一样操作即可。

前文已经描述了正态分布和随机抽样，下文讨论它们与抽样理论的关系。假设从一个总体中反复随机抽取 N 个样本；总体的均值以 μ 表示，标准偏差以 σ 表示。在取每个随机样本时，要计算样本的均值，随着样本数量的增加，这些均值会形成一个频率分布，得到自身的均值和标准差。可以看出，假设 N（样本量）足够大（实际大于 100），则该样本均值（抽样分布）的频率分布为正态分布。此外，抽样分布的均值将与总体均值 μ 一致，抽样分布的标准差将为 $\sigma/\sqrt{N}$，即总体标准差除以样本总数的平方根。只要样本量足够大，无论总体本身是否为正态分布，都是成立的。

这些特征适用于抽样分布，而不适用于单个随机样本本身。然而，由于抽样分布是正态的，例如，我们知道分布中有 68.26% 的事件会落在分布的平均值两边的各一个标准差的范围内。构成抽样分布的事件是各个随机样本的均值，因此可以说 68.26% 的随机样本的均值在这个范围内。也可以反过来说，在 100 个样本中有 68.26 个随机样本的均值在这个范围内，或者任何随机样本的均值都有 68.26% 的概率在这个范围内。同样，我们可以说，任何随机样本的均值落在总体均值左右两个标准差范围内的概率是 95.46%。

这些验证结果为使用抽样方法提供了理由。我们知道，如果取一个相当大的随机样本（实践中超过 100 个样例），随机样本的均值很有可能接近从中抽取样本的总体均值。即使样本更小，这种可能性也可以用精度来表述。因此，利用样本均值可以很好地估计总体均值。此外，如果知道总体均值和标准差 σ 和 μ，则有 68.26% 的可能性使从总体样本抽取的大小为 N 的一个随机样本的均值为 $\mu \pm \sigma/\sqrt{N}$。这种认识在历史问题中可能是极其重要的。历史学家越来越多地使用 19 世纪人口普查员收集的数据，并从相关书籍中抽取样本。这些书中的许多资料被用在人口普查报告中，在特定的人口普查地区，人口年龄的平均数和标准偏差等资料是可以得到的。因此，历史学家可以从普查人员的著作中随机抽取样本，例如，在 100 个样本中，有 95.46 个样本的均值应该在总体均值加 2 个标准差和总体均值减 2 个标准差之间。如果不是，则可以知道，要么是抽样出了错误，要么是运气不好，他的样本是 100 个样本中 4.54 个样本中的一个，样本均值在这个范围之外。如果样本均值在这个范围内，就可以确定没有任何问题，并且可以使用样本获得总体样本的更多信息（当然，也有可能是取样出了错，但样本均值仍然落在这个范围内；因此，在这个范围内的样本均值并不一定能规避抽样方法的缺陷）。

然而，在大多数历史研究中，总体均值和标准差是未知的。实际上，抽取样本的目的通常是对它们进行估计。在这种情况下，我们知道 100 个样本中有 95.46 个均值落在 $\mu \pm 2\sigma/\sqrt{N}$，但由于不知道总体标准差，所以也就不知道范围。唯一的信息来自随机样本，因此需要利用这些信息估计 $\sigma/\sqrt{N}$。可以看出，$\sigma/\sqrt{N}$ 的最佳估计值为 $s/\sqrt{(N-1)}$，其中 s 为样本标准差，N 为抽取的样本数，抽样是随机进行的。因此，当总体均值和标准差未知时，可以首先从总体中随机抽取大小为 N 的样本，计算样本均值和标准差。根据前文的理论，可以说，在 95.46% 的样本中，样本均值将位于 $\pm 2[s/\sqrt{(N-1)}]$ 的范围内，即与总体均值差两个标准差。通过这种方法，使用样本提供估计值，将是对总体特征的最佳估计。

可以通过一个简单假设的例子说明如何使用抽样方法对总体特征进行估

计。假设我们希望通过一个样本估计一个特定城镇中妇女的平均初婚年龄。首先，要从教区登记册中收集妇女结婚年龄的信息，然后随机抽取 100 名妇女作为样本。我们得到妇女初婚的平均年龄 $\bar{X}$ 是 27 岁，标准偏差 s 是 2.2 岁。我们知道，样本均值是总体均值的最佳估计值，在 100 个样本中有 95.46 个样本均值在 $\mu \pm 2\sigma/\sqrt{N}$ 的范围内。这相当于在 100 个样本中有 95.46 个样本均值，总体均值将在 $\bar{X} \pm \sigma/\sqrt{N}$ 的范围内。由于不知道总体标准差 σ，因此用 $s/\sqrt{(N-1)}$ 作为 $\sigma/\sqrt{N}$ 的估计值。因此，在该例中，我们知道 100 个样本中有 95.46 个样本，总体均值在以下范围内：

$$\bar{X} \pm 2\frac{s}{\sqrt{(N-1)}} = 27 \pm 2\frac{(2.2)}{\sqrt{(100-1)}} = 27 \pm 0.4422$$

因此，总体均值将位于 26.5578~27.4422。平均值 ±0.4422 的范围称为"95% 的置信区间"，我们可以说有 95% 的概率总体均值在这个范围内。

到目前为止，我们已经讨论了抽样理论在估计抽样对象总体特征中的应用。此外，可以利用抽样理论检验关于抽样结果的假设。历史学家常常有兴趣知道他所研究的对象的某些特点是否在两个时期之间发生了变化。以妇女平均初婚年龄为例，探讨女性的平均初婚年龄是否在一个世纪内发生变化是个有趣的课题。由于可能生育的子女数目与女性初婚年龄有关，因此知道大多数妇女是在什么年龄结婚的，对了解人口动态很重要。由于我们研究的地区有大量的婚姻状况资料，样本是足够的。第一份 19 世纪初的 100 个婚姻样本显示了女性平均初婚年龄为 27 岁，标准偏差为 2.2 岁，第二份 100 年之后的 100 个婚姻样本显示了女性平均初婚年龄为 26.5 岁，标准差为 1.6 岁。这个结果给我们的第一印象是，一个世纪以来女性平均初婚年龄似乎下降了 0.5 岁。但这只是样本结果，只给出了总体结果的估计值。我们进行的是抽样分析，要了解抽样不一定能得出非常准确的总体结果估值。例如，第一份样本高估了平均初婚年龄，而第二份样本低估了它，只要存在 0.25 岁的误差，则 0.5 岁的平均初婚年龄变化便会消失。因此，需要找到一些方法来区分由抽样过程带来的女性平均初婚年龄差异和女性总体平均初婚年龄的真正差异。这两种可能性的对比如下。

（1）总体均值没有差异，但是抽样过程导致的样本均值有差异。

（2）总体均值有差异，体现在样本均值的差异上。

在判断这些可能性时，我们使用了均值差检验方法，它依赖抽样和正态分布。如果从两个总体样本中抽取大量的独立样本，并计算每对样本的均值之差，那么这些差异的抽样分布本身就构成一个正态分布，其均值等于两个总体均值之差，其标准差等于总体均值之差，其标准差为：

$$\sqrt{\frac{\sigma_1^2}{N_1} + \frac{\sigma_2^2}{N_2}}$$

因此，利用正态分布的特征，可以说，两个样本的均值之差有 95.46% 的可能性落在两个总体均值之差的范围内：

$$\pm 2\sqrt{\frac{\sigma_1^2}{N_1} + \frac{\sigma_2^2}{N_2}}$$

在使用均值差检验方法时，我们要探讨的第一个可能性是总体均值之间没有差异。也就是说，如果从 μ_2（第二个总体均值）中减去 μ_1（第一个总体均值），结果将是零。如果是这样，那么样本之间的任何非零差异都将是抽样可能导致的结果；此外，在只有 4.54% 的样本中，均值差可能大于非零的两个总体标准差。因此，均值差检验方法的计算如下：计算两个样本均值之差，然后除以抽样分布的标准差：

$$\sqrt{\frac{\sigma_1^2}{N_1} + \frac{\sigma_2^2}{N_2}}$$

如果结果大于 +2 或小于 −2，则在总体均值相等的情况下，只有 4.54% 的概率支持样本均值差异是抽样的结果。因此，如果结果小于 +2 或大于 −2，要么是选取的样本有偏差，要么是总体均值不相等。如果结果不相等，那么它们一定是不同的，因此可以得出这样的结论：在抽取样本的两个总体中，存在初婚年龄的差异。

在实践中，我们使用一个公式来计算 z，即均值之差除以抽样分布的总体标准差。由于不知道总体标准差，我们使用样本标准差作为估计。均值之差 z 的公式为：

$$z = \frac{\bar{X}_1 - \bar{X}_2}{\sqrt{\frac{s_1^2}{N_1-1} + \frac{s_2^2}{N_2-1}}}$$

针对假设例子，$X_1=27$，$s_1=2.2$，$X_2=26.5$，$s_2=1.6$，$N_1=N_2=100$，所以：

$$z = \frac{27-26.5}{\sqrt{\frac{2.2^2}{99} + \frac{1.6^2}{99}}} = 1.829$$

由于 z=1.829，则样本均值的差异是抽样导致的结果的概率大于 4.54%，而总体均值之间没有差异。利用正态分布表，可以得到更精确的结果；即使总体均值相同，观察到的差异也有 6.73% 的概率是抽样的结果。

如果我们在 100 年后取了另一份样本，发现第三份样本的平均初婚年龄是 24 岁，标准差是 2.1 岁。将均值差检验的差异应用于第二份样本和第三份样本，我们发现：

$$z = \frac{26.5-24}{\sqrt{\frac{1.6^2}{99}+\frac{2.1^2}{99}}} = 9.42$$

这个测试结果中，z 比 +2 大得多，表明只有非常小的概率（大大低于 1%）支持样本均值的差异是抽样导致的结果，由此可以得出结论，在进行样本采集的两个人群中，平均初婚年龄确实存在差异。

本节介绍了一些较为重要的抽样方法和概念。因此，对于想要进行抽样研究的历史学家来说，在开始研究之前，都需要广泛地阅读抽样理论领域的书籍，相关参考书目见本书所列。

（三）样本结果的"显著性"

在讨论样本方法应用于估计总体特征和进行均值差检验的过程中，我们介绍了如何计算样本结果使其成为总体结果的一个较准确的估计值的方法。在讨论的过程中，我们用 68.26% 或 95.46% 的概率来说明估计的可能性。一旦计算出了这些概率，就可以利用它们进行历史判断。在讨论总体平均初婚年龄是否发生变化的问题时，6.73% 的概率表明样本差异是由抽样过程产生的。

统计方法可以告诉我们概率是多少，但是我们是否愿意承担风险就需要总体评估。我们的决定在一定程度上取决于具体结果对调查的重要性。如果我们只是偶然对女性平均初婚年龄感兴趣，那么可能愿意承担更大的风险。如果我们的理论依赖于知道在女性初婚年龄发生了变化，那么我们可能只愿意承担非常小的风险。社会研究中通常使用的风险水平是10%、5%和1%，通常被称为10%、5%和1%的"显著性水平"。相关的检验被命名为"显著性检验"，即均值差检验，并做出"在5%的水平上显著"这样的结论。后一种说法意味着抽样过程产生的风险为5%或者更低。也可以表述为"结果是显著的（$p \leq 0.05$）"，或"在5%的水平上可以拒绝无效假设"。无效假设通常是这样一种假设，即结果是由抽样的过程导致的，因此拒绝无效假设，这等于接受这种假设，即结果准确地反映了总体的特征。例如，在均值差检验中，无效假设是指总体均值之间不存在差异。

在前文的陈述中，"显著"仅指结果是否在特定的置信水平或显著性水平上证实或否定了某个假设。它与结果是否具有历史意义无关，尽管结果的"显著性"可能是决定历史学家从中得出结论的一个因素。

显著性检验的使用并不局限于定距数据样本。如果只有定类数据或定序数据，可以使用其他一些检验方法，通常称为"非参数"检验，最常用的是基于平方统计量的检验，前文在推导列联系数时使用过平方统计量。平方统计量检验的逻辑通常与显著性检验非常相似，但是它使用了其他形式的概率分布，而不是正态分布。显著性检验适用于各类数据，也可用于评估相关分析和回归分析的结果。

在进行抽样研究时，显著性检验非常重要，当根据样本数据进行任何估计或推断时，它们的使用是必不可少的。然而，它们很容易被滥用。首先，当且仅当使用概率抽样方法（如前文描述的简单随机抽样）收集数据时，它们才是合适的。如果样本不是概率样本，那么对其进行显著性检验在理论上没有意义，可能会得到错误的结果。其次，我们讨论的许多检验方法只能在满足其他限制性假设条件时使用，例如，均值差检验假设应用于定距数据、总体正态分布、大样本量以及独立随机抽样。如果这些假设条件没有得到满足，那么均值差检验就没有意义，也会产生错误结果。

毫无疑问，检验方法不该应用于非概率样本，也不该应用于违反检验假设的数据。然而，统计学者和社会科学者对这些检验能否合理地应用于非抽样数据上存在分歧。例如，某历史学家对1800~1900年牛津大学和剑桥大学毕业10年的学生的平均收入感兴趣，为研究牛津大学和剑桥大学的毕业生哪个更成功。他收集了所有毕业生的收入，而且没有遗漏的数据，研究发现牛津大学的毕业生收入更高。在这种情况下，许多社会科学者会倾向于进行一项"经济状况差异检验"（difference of means test），并在给出结果时引用该检验结果，比如"平均收入的差异在5%的水平上是显著的"。从算术上讲，这样做是完全可行的，但很难知道这样的检验或检验结果意味着什么。我们并没有用毕业生的样本，但是用了所有的数据，所以不能测试样本结果是否与总体结果不同，在这种情况下，两者在定义上是一样的。为了使在这些情况下的显著性检验有意义，必须假设存在一个牛津大学和剑桥大学毕业生收入的总体数据库，所有牛津大学和剑桥大学毕业生的数据构成一个简单的随机样本。然而，无论是总体还是随机抽样，都很难让人相信，因此显著性检验仍然没有意义。牛津大学和剑桥大学毕业生的平均收入有差距，仅此而已。

当历史学家想把一个特定的研究进行推广，例如，从一个工业城镇推广到所有这样的城镇，从一个公司推广到一个行业，或者从一个人推广到一群人时，往往会遇到这种困难。在这种情况下，可以对一个城镇的两个特征量（如城镇规模、公共服务支出等）的相关系数进行显著性检验。当发现这个关联在某个城镇中显著之后，历史学家可能会更乐于将它推广到其他城镇。

但是，事实上，进行显著性检验并不能帮助他决定是否可以从一个城镇推广到所有城镇——只有当一个城镇构成所有城镇的简单随机样本时，才会有所帮助。只有历史学家证明这一点，或者愿意假设这一点，显著性检验才有意义。

尽管抽样理论在应用于抽样实践中存在困难，但历史学家还是应该毫不犹豫地应用抽样方法，并不因为有大量的记录而放弃一个分析项目。使用抽样方法的优点是可以节省大量的时间和金钱。因为样本的准确性取决于样本的大小，而不是它在总体中所占的比例。从以下事实中可以看出，如果随机抽取大量样本，则样本估计值的准确性由数量 $\sigma/\sqrt{N}$ 决定，其中 σ 为总体标准差，N 为样本的绝对大小。抽取样本的总体未出现在这个量中，因此与确定样本结果的精确性无关。因此，占总体比例 10% 的样本并不比其他比例的样本更有价值，重要的是样本的绝对值。从 $\sigma/\sqrt{N}$ 中还可以得出一个重要的推论，即样本的精确性取决于样本容量的平方根，而不是取决于样本容量。例如，将样本量增加一倍，其精确度仅增加 $\sqrt{2}=1.4142$ 倍。类似地，为了使样本估计的准确性翻倍，需要将样本的大小翻倍，因为 $\sqrt{4}=2$。样本结果的准确性取决于样本大小，增加样本容量不会使结果的准确性同步增加，这意味着与研究总体相比，耗费的精力更小，即从相对小的样本中获得相对可接受的结果。

（四）太少的数据：数据缺失的问题

所谓"数据缺失的问题"指的是在进行数据收集过程中所积累的数据没有填满历史学家构建的理想数据矩阵。前文所区分的类型（b）、（c）和（d），都是数据缺失的例子。这样的问题在历史工作中比由于数据太多而造成的问题更常见，也更难解决。通常，这是因为记录的破坏，或者理想类型的记录未得到保存。第一个例子是，英国，很多教区保存了洗礼、结婚和葬礼的数据，而另一些教区则没有此类数据。第二个例子是，19世纪以前大多数国家缺乏人口普查数据。应该强调的是，很少有统计理论可以帮助解决数据缺失的问题，因此，历史学家在解决这些问题时主要依赖于自己的想法和能获取的资源。

（五）一个或多个案例的数据缺失

首先以（b）类为例，数据是缺失的，即有样本数据，但不是一个概率样本（除非在极不可能的情况下，这些案例经过随机抽样后保存下来）。既然有样本数据，就可以用它们考察整个数据集的特征。然而，由于没有概率样本，我们很难知道估计的准确性。当然，这并不会使估计毫无价值，结果可能是非常有趣的。例如，商业历史的一个共同特征是：信息主要来自那些繁荣和成功的公司，破产的公司很少保留记录。因此，商业史学家通常会面临数据缺失的情况。尽管如此，利用所掌握的信息就会知道成功公司的运作方式，尽管不能在统计上利用这些对该行业中其他公司的运作方式进行估计，但它仍然可能引起人们的兴趣。

在商业史的例子中，根据简单随机样本的标准，很明显，样本在两个方面有缺陷。首先，案例的选择并不是随机的；其次，样本是有偏的，因为只有成功公司的信息才得以保存。换句话说，样本不具有代表性。这就提出了一个问题：为了达到分析的目的，是否可以把一个看起来没有任何偏见的样本当作一个随机样本来对待。例如，劳伦斯·斯通（Lawrence Stone）教授在对16世纪英国贵族行为的研究中认为，由于买卖双方之一的名字以字母S开头，所以由庄园组成的样本可以被视为随机样本。他问道："'在这种情况下，选择字母S与真正随机抽样的结果会有显著不同，这有什么理由吗？'……

我故意避免 J、O 和 M，因为它们可能使威尔士、苏格兰和爱尔兰的人数不成比例。但字母 S 占了所有英文名字的 10% 以上，但我看不出这个特殊群体有什么特别之处。"①

正如斯通教授所言，在严格的统计理论中，这一过程并不是抽取随机样本，而且在理论上，将非随机样本视为随机样本也是不合理的。但在实践中，历史学家在明确自己的研究目的时，以斯通教授的方式进行研究似乎是合理的。这种研究面临的一个主要困难是对不同的历史发现进行比对。例如，利用斯通教授的方法对 1535 年的英国庄园进行抽样。接着使用庄园列表，用另一种非随机方法进行抽样。两个不同日期庄园所有权的差异是由实际的变化引起的，还是由于两种非随机抽样方法的差异带来的呢？实际上，我们只是在英国土地所有权变化的所有其他可能原因中增加了新的可能性，并无法回答上述问题。但是，只要历史学家和读者都知道这样做的过程，至于是对是错则很难下结论。有些内容会被添加到知识库中，即使在以后进行更多的研究时它会被修改。

必须明确指出，这种做法已经偏离了严格的统计分析，这一点怎么强调也不过分。这样的偏离在历史作品中很常见。另一个例子是，研究者曾多次尝试用从保险记录中找到的几家棉花工厂的平均估值，用其乘以工厂总数，从而估计工业革命时期棉花工厂的总价值。严格来讲，这个过程涉及这样一种假设，即已知的工厂构成所有工厂的随机样本，但这不大可能是真的。然而，只要这一点明确，不把太多的结论建立在这个结果之上，这个程序就是正当的。

因此，在讨论某些案例数据缺失的类型（b）时，结论是：虽然从严格意义上讲，由于缺乏随机抽样，几乎总是面临没有希望的处境，但在某些特

---

① L. Stone, "Lawrence Stone and the Alansors: Rejoinder", *Economic History Review*, Vol. XXIV (1971), p.116.

殊情况下，也许有可能用违反统计理论的方法得出近似的答案。历史学家要做的是对其方法所涉及的内容有更深刻的理解。

（六）一个或多个变量的数据缺失

对于历史学家来说，一个或多个变量的数据完全缺失的情况并不陌生。例如，学习商业史的学生往往比较了解制造业，但对商品的总价值却知之甚少。政治史学家可能对其研究对象政治家的经济地位知之甚少或一无所知，但知道更多职业和家庭背景等细节。在大多数情况下，如果一个变量完全没有数据是无法补救的。没有任何数据可以用来对变量的值进行估计，更不用说评估这种估计的准确性了。面对这种情况，历史学家只能搜寻更多的资料，或者将研究限于不需要使用过多数据便能解答的问题。

当历史学家能够确定变量之间存在某种逻辑关系或统计关系时，他就可以根据所掌握的变量的值估算缺失变量的值。一个经济史学家，如果知道一件制成品的成本和售价，但不直接知道利润，那么他可以利用他所学的知识，即利润等于价格减去成本，精确地估计缺失变量的值。在这种情况下，变量之间的关系是直接的，没有任何异议。

当估算和被估算变量之间的关系不是从简单的算术关系而是从一个理论模型或从另一个历史时期或地方的证据推导出来的时，就会有更多的困难。用这种方法估计缺失变量的值，是"新经济史"或"计量经济史"所特有的。计量经济学是经济学的一个分支，运用统计和数学方法来检验经济理论。然而，这种技术有更广泛的用途，"新经济史"学家使用了一种其他历史学家经常使用的方法。例如，政治史学家通常会用"自由主义"、"保守主义"或"法西斯主义"等字眼来描述某个党派，尽管并不存在以这些名称命名的政党，人们也不会承认这些命名。从本质上讲，历史学家在使用这些描述时，表明他掌握了几个变量的信息，比如政治家对某些问题的态度、政治辩论中的行为等。他觉得可以使用这些信息估计"个人政治信仰"这一变量缺失的值。

举两个例子，一个来自政治史，另一个来自经济史。第一个例子是艾德洛特（Aydelotte）教授建立的衡量19世纪40年代的议员政治态度表。艾德洛特教授认为，通过对大量不同议题的投票结果进行研究，可以建立一个关于议题的表，并根据议员对每个议题的态度，对议员在表上进行排序。对所有问题投赞成票的议员将被排在表的一端，投反对票的议员将被排在另一端，然后确定党派忠诚度、相关背景信息或意识形态对议员所处位置的影响。本质上，他试图通过政治行为来建立政治态度（缺失的变量），而政治行为是由一组已知变量的信息组成的。人们可能提出许多批评，例如，质疑艾德洛特是否充分考虑了政党的压力或赞助方的影响，以及政治家对在某些特定问题投票是否重要这一问题的认知。尽管有这些困难，艾德洛特的研究还是使我们对19世纪40年代的了解更深入了一些，他的谨慎态度也使得评论家可以对他的研究过程进行讨论。

估算在经济史中使用得较多。以迪恩（Deane）女士和科尔（Cole）教授对英国经济增长的研究为例，特别是对18世纪英国谷物产量的估计。在该案例中，有进出口数据，但没有国内粮食产量数据。迪恩和科尔的方法是首先估算1766年人均粮食用量，然后乘以每个年代开始时的人口估计值。接着，加上出口量，减去进口量，并考虑了谷物种子问题，最终得出粮食产量估计值。迪恩和科尔阐明，在过程和结果中可能会出现较多的错误。他们的方法基于以下假设。

（1）当代对人口数量的估计是正确的。

（2）对1766年谷物平均消耗量的估计是正确的。

（3）尽管平均收入和粮食价格发生了变化，但粮食的平均消费量在18世纪并没有发生变化。

（4）谷物的产量，即种子数量，在1766年得到了准确的估计，并在整个世纪一直保持着这个比例。

迪恩和科尔为这些假设进行了申辩，他们认为至少计算目的是粮食产量这一缺失变量进行估计时，这些假设是合理的。

另一个是1907年商船的数据。例如，假设研究1907年的商船时发现其中一艘船的数据是不完整的，船员人数没有记录。如果我们已经从一个适当设计的样本中获得了商船数据，并对得到的回归估计有信心，因此可以使用回归方程估计缺失的船员人数。如果已知船只吨位为1600吨，则可以在回归方程 $Y=5.4481+0.0082X$ 中用1600代替 X，计算出 Y 值：

$$Y=5.4481+0.0082（1600）=18.5681$$

四舍五入后，可以说，根据现有的信息，估计这艘船的船员人数为19名。当然，同样的信息也可以从图8-1中的回归线中更快地得到，尽管可能稍微不那么精确。

从这些例子中可以看出，估计缺失变量值取决于如何将其他变量与缺失变量联系起来，以及对可用信息的信任程度。此外，历史学家必须考虑到在对缺失变量的特殊估算中其论证结构的重要性。因此，在任何研究中，历史学家必须判断是否能够进行这种估算，而他的读者必须判断这种估算是否正确；为了后一目的，必须明确给出估计的根据。

（七）并非任何完整案例或变量都有数据缺失

前两节讨论的方法可以应用于第三种（也是最常见的）缺失数据的类

型，在这种类型中，会发现一些零散数据缺失。也就是说，可以通过使用该变量的已知值或其他案例中的值来估计缺失值，也可以通过使用该案例中的其他变量值来估计缺失值。因此，对于数据矩阵，可以通过垂直（变量）或水平（案例）数据来估计，也可以通过这两种方法进行检验。根据利用两种方法所得到的估计值之间的差异，可提出改进估计程序和调和估计结果的方法。

对于最后这种类型，虽然克服数据缺失问题可采用的方法更多，相对来说，异议也更多。首先，从其他案例来估计，在矩阵的垂直方向上，仍然不可能假设信息存在的案例构成了矩阵中所有案例的随机样本，因此估计值存在偏差的可能性仍然很大。其次，从与同一案例有关的其他变量在矩阵上进行横向估计的可能性仍然取决于对变量之间的关系做出的假设。同样重要的是，任何估计程序的使用都应该尽可能地给予清楚的说明，以便能够对这些程序进行充分评价和讨论。

10 计算机和数据处理设备

电子计算机和电子机械数据处理设备（如计算机器）的发展极大地提高了历史学家进行定量分析的能力。这样的装备在两个方向上拓宽了历史学家的视野。首先，他可以更好地利用复杂的统计技术，这些技术如果没有机器的帮助是无法轻易或快速地应用的。其次，使用数据处理设备能够处理比运用传统方法多得多的数据。因此，新的设备，大部分是在过去的二十年中发明的，使分析历史数据成为可能。因此，本章的目的是介绍数据处理和计算设备的使用。

（一）机械计算设备

从最简单的计算器到最复杂的电子计算器（通常是微型计算机），现在有各种各样的计算机器。有些机器是手动的，有些是机电的，有些是电子的；再次强调，这一区别的重要性在于机器的价格，以及操作速度——电子机器几乎是瞬时的，机电机器较慢，与手持式操作的机器速度相当。

使用计算机计算的优点是速度快、准确。有些机器有内存或寄存器，可以在执行其他操作时存储结果，或可以有效地同时执行两个统计操作。例如，统计工作中最常见的是计算平方和，运用计算机就很方便。

然而，比速度更重要的是准确性。即使是最熟练的算术家，在进行加减运算时也很容易出错，尤其是在处理大量数字时，随着运算复杂性的增加或所涉及数据量的增大，出错的可能性也会加大。在使用计算机器时也会犯错误，人们应该时刻警惕这种可能性。对于大多数计算机器，所需要做的就是在键盘上输入原始数据，然后根据要执行的操作按下一个或另一个按钮。因此，危险主要来源于在键盘上输入错误的数字。

（二）穿孔卡片数据处理设备

穿孔卡片数据处理设备的发明和广泛使用，为历史学家提供了有效的方法以摆脱手工处理的历史材料困难，早期从事定量史学研究的研究者也使用了这种设备。虽然当下它已基本上被计算机所取代，但在定量工作中，特别是在准备数据以及在进行简单的分类和分级时，穿孔卡片数据处理设备仍有一些辅助作用。

在使用数据处理设备之前，必须先将数据转换成"机器可读形式"。因此，历史学家有必要将数据转换成一种适合机械加工的形式，通常包括将数据穿孔到穿孔卡片或穿孔纸带上。

图 10-1 显示了一张穿孔卡片。基本的卡片由一块长方形的硬纸板组成，上面印着 10 行数字，每一行相同的数字重复 80 次。其他信息有时打印在为特定目的设计的卡片——如计算机指令的穿孔卡片上——但基本卡片如图 10-1 所示。信息通过卡片穿孔机传送到卡片上，穿孔机在卡片上打出长方形的小孔，每个小孔代表一个字母、一个数字或一个标点符号。图 10-1 所记录的信息为表 5-1 所记录的第一艘船的信息。第一个记录的数字是 1697：这个数字的第一个数字 1，是由第一列的第一行穿孔表示的；第二个数字 6，在第二列第六行打了孔；第三个数字在第三列第九行打了孔；第四个数字在第四列第七行打了孔。因此，卡片的每一列代表一个字符，这些字符由穿孔所在的行进行区分。每艘船都有一张单独的卡片，每张卡片上的每个变量都在相同的列中打孔。因为卡片上只有 10 行，所以看起来只能表示卡片上的 10 个字符。为了克服这一限制，一些字符由同一列中的两个或多个穿孔表示。例如，"FLOUD001"这个名字在卡片的右端打孔。字母 F 由同一列的第六行中的一个穿孔，以及在卡片的顶部通常被称为"+ 穿孔"行中的一个穿孔表示。字母 L 由同一列中第三行中的一个穿孔和位于"+ 穿孔"行和"0"行之

间的"-穿孔"行的一个穿孔表示。通过使用这些"+"和"-"打孔行，结合卡片上的其他行，字母表中的所有字母、所有数字和许多标点符号可以被定义成独特的打孔组合。这样就可以在卡片上输入字母和字符而不会产生混淆。在打孔的同时，卡片顶端的字符由卡片穿孔机打印在卡片上，从而允许操作员检查他所打出的字符是否正确。

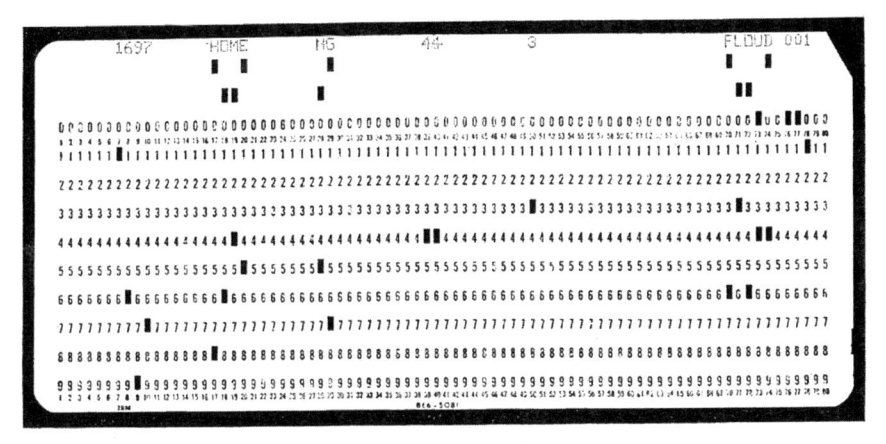

图 10-1 穿孔卡片

卡片穿孔后，数据就变为"机器可读"的形式。在最简单的数据处理机器——分类计数机中，卡片被高速送入机器，机器检查卡片上的某一列是否有穿孔。如果有，分类机会根据可能穿孔的 10 行把卡片分入 10 个漏斗，计数机会计算落入每个漏斗的卡片数量。举个例子，如果指示机器检查第二十列，该列通过穿孔记录了给船提供动力方式的信息，分类计数机会把所有的卡片中第一行被打孔的分配到第一个漏斗中并计数，并对第二行或第三行已穿孔的所有卡片做同样的操作。在分类结束后，漏斗 1 会包含 4 张卡片，对应 4 艘帆船，漏斗 2 会包含 16 张卡片，对应 16 艘轮船，漏斗 3 装有 5 艘没有指明动力方式的船的卡片。本质上，分类计数根据卡片在一列上显示的值对卡片进行分类，并产生类似于频率分布的结果，如表 5-2 所示。

因此，分类计数机可用于产生简单的描述性统计，例如频率分布。但是，它仅限于计算每一类案例的数目，例如，它不能计算船只吨位的总和。根据超过一位数的数值对卡片进行排序非常耗时，这进一步限制了它的使用。当每个变量上的数值只有一位数字时，可以生成简单的关联表，但是如果数据更复杂，使用分类计数机很快就会变得很麻烦。另一个困难是，排序的过程包括在每次排序过程中重新排列一遍卡片，在对大量卡片进行排序时，这可能会导致混乱和操作人员放错卡片的风险。

因此，建议仅在最简单的工作中使用穿孔卡片数据处理机，并尽可能地在进行计算机分析之前做好卡片的准备工作。与手工方法相比，穿孔卡片的使用无疑为简单的统计工作带来更大的灵活性和更快的速度，如果没有电脑可用，仅仅因为数据可以永久存储在卡片上，而无须每次计算都重新输入，这种情况下，穿孔卡片的方法也比使用计算器要好得多。

（三）电子计算机

在过去的十年里，围绕计算机已经有很多书，再讨论它似乎是多余的。然而，消除神秘感并说明计算机可以为历史研究提供极有价值的帮助，这是明智的。典型的电子计算机由三部分组成：执行算术运算的中央处理单元；当中央处理单元不使用数据时，数据存储在存储器中；输入—输出装置，数据通过该装置传送到计算机，并将结果打印出来。在利用计算机进行典型计算中，数据将被输入设备，并存储在存储器中。然后，一组关于如何进行计算的指令也会被读入，计算机将利用它所存储的数据对这些指令进行操作。当所有的指令都完成后，计算就完成了，结果将通过输出设备打印出来，供历史学家进一步分析。

计算机执行操作的方法是由计算机制造商和计算机操作员决定的。因此，计算机用户不能控制这些方法，也不需要关心它们。用户——例如，一个应用计算机的历史学家，有三项任务：他必须将数据转换为计算机可以读取的形式；必须输入计算机希望进行哪些计算；还必须下达命令将以什么形式把数据读入机器，以及将以什么形式把结果打印出来。

第一个任务是将数据转换成机器可读的形式，它是通过将数据传输到穿孔卡片上完成的，其方式与使用穿孔卡片数据处理机完全相同。另一种方法是将数据打孔到纸带上，如图 10-2 所示。使用纸带或卡片通常取决于使用哪台计算机，因此超出了个人用户的控制范围。每一种方法对使用者来说都有优劣：穿孔卡片较重，容易散落和弄乱，但较容易纠正；而纸带较轻，但不易拆解，且纠正起来比较麻烦。然而，无论使用哪种方法，计算机的操作方式都是完全相同的。

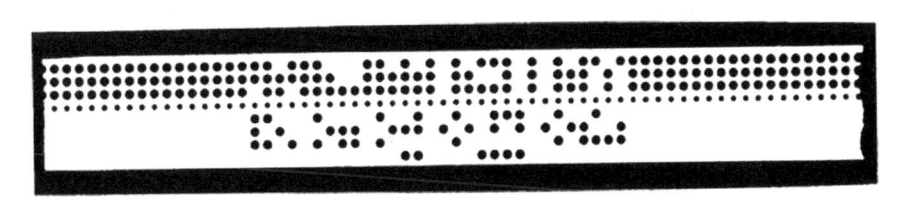

图 10-2　数据打孔纸带

虽然将数据转换成机器可读形式的过程总体上是简单而直接的，但是在这个阶段必须做出一些关键的决定，这些决定可能会影响数据分析的过程。必须做出的第一个决定是关于数据的选择——哪些事件和变量将包括在研究中，哪些不包括在研究中。选择原则已经在第 9 章讨论过了，但是必须在转换成穿孔卡片或纸带之前进行。这是必要的，因为传输过程昂贵且耗时，如果第一次错误地省略了数据，那么执行两次操作将非常昂贵。因此，重要的是，历史学家一开始就应该清楚他利用数据提出的问题，以及回答这些问题所需要的数据。

在选择变量时，历史学家应该牢记打孔过程中可能会出现一些错误。例如，如果历史学家记录的个人信息包括：出生日期、死亡日期和死亡年龄，记录三个项目似乎是多余的，因为死亡日期或死亡年龄可以通过其他一个计算出来。记录这三类信息的好处是，在处理开始之前的早期阶段，计算机可以得到指示以检查这三类信息是否一致。如果不是，则可以跟踪并纠正错误，并且只用很少的时间。构建所谓的"内部检查"通常是可能的，但很明显会很昂贵，因为必须记录和打孔更多的数据。因此，增加的费用必须与可能增加的准确性相抵消。

在将数据转换为机器可读形式之前必须做出第二个重要决定：是否要将所有数据转换为数字形式。许多历史数据是按字母顺序排列的——例如人名、职业、地名、产品名。这些按字母顺序排列的数据在处理之前可以通过"编码"方法转换成数字形式。

编码是一个分级或分类的过程，在这个过程中，代码（通常是数字代码）被分配给一些证据，因此每个分类都接收到唯一一个代码。代码必须是一致和明确的，这样就可以很清楚地知道应该将哪些代码分配给哪些信息段。理想情况下，代码应该非常清晰，以至于在编码过程中不必对恰当的代码做出困难的判断。不幸的是，许多历史数据的复杂性使这一理想难以实现。

为了说明编码过程，我们将考虑到许多历史学家都熟悉的问题，特别是那些涉及人口、经济或社会的问题。对于这类历史学家来说，他们所研究的最重要的证据之一就是人的职业。不幸的是，人们所从事的职业范围非常广泛，特别是在高度多样化的现代经济中，这种多样性也导致职业数据的使用出现问题。举例来说，在阶层严密的地区，找出多少人有特定职业可能是重要的，然而，生活在19世纪的伦敦，当时在熟练工人阶层中就有超过200种职业，因此很难用职业信息回答所感兴趣的问题。首先，当每个人的其他信息,如年龄、收入等,都可以用数字形式表示时,在被研究的每个人旁边填写完整的职业信息是极其烦琐的;其次,最好把职业放在一起,以便对一个地区的职业结构有所了解。这两个因素都建议使用某种形式的编码,这种编码将把职业转换成数字形式,并能帮助分组。表 10-1 显示了一些可能的编码,这些编码可以被分配给 1850 年伦敦技术工人阶级成员所从事的 20 种职业。

表 10-1 个人职业可能的编码方案

1	铁模具匠	1	轮胎制造商	01	主持人	01	铜匠
2	铜匠	2	装订工	02	锯工	02	铁模具工
3	锯工	3	主持人	03	船木匠	03	铁匠
4	船木匠	4	梳妆台制造商	04	轮胎修理工	04	船木匠
5	画师	5	铜匠	11	铜匠	05	装配工
6	炮手	6	游民	12	炮手	21	画师
7	轮胎修理工	7	巫师	13	铁模具工	22	水管工
8	游民	8	手套刀制造商	14	铁匠	23	石匠
9	装订工	9	炮手	21	梳妆台制造商	24	锯工
10	手套刀制造商	10	美发师	22	手套刀制造商	31	主持人
11	篮子制造商	11	铁模具匠	31	篮子制造商	32	炮手
12	梳妆台制造商	12	点火者	32	装订工	33	梳妆台制造商
13	点火者	13	石匠	33	游民	34	手套刀制造商
14	铁匠	14	画师	34	画师	35	篮子制造商
15	水管工	15	水管工	35	水管工	36	装订工
16	主持人	16	装配工	36	装配工	37	游民
17	巫师	17	锯工	37	铁匠	38	轮胎修理工
18	石匠	18	船木匠	41	巫师	41	巫师
19	装配工	19	轮胎修理工	42	美发师	42	美发师
20	美发师	20	铁匠	43	灯光师	43	灯光师
	A		B		C		D

在编码方案中，数字只是简单地分配给每个职业，因为它出现在收集数据的过程中。这种编码方案的优点是，研究人员无须事先对其分类方案做出任何决定。只是在每个职业出现时为其分配一个代码，并在该职业重现时为其分配相同的代码。这种编码方案的主要缺点是，第一，由于它不涉及逻辑分类，任何有用的分类都必须在以后进行。因此，编码的一个主要优势就丧失了。第二，代码没有逻辑结构，很难记住。因此，必须通过向下查找诸如 A 类代码的列表来重新发现适当的代码，每次需要一个职业代码时，这都是一个很长的流程。这是一个烦琐的过程，并会不可避免地导致错误。

编码方案 B 只是按字母顺序列出有关的职业。这样的列表有一个优点，即每个职业的代码可以非常快速和容易地找到。但相应的一个缺点是，为了编制这样的代码分类，必须预先知道要编码的每个职业，并在编译代码时使用，不可能因为记录中遇到了一个新职业，就在名单的最后加上一个带有他们的代码的新职业。第二个缺点是，同编码方案 A 一样，这个方案也没有使用分类的逻辑方案（字母顺序除外），因此，如果要揭示该地区的职业结构，之后必须进行另一种职业分类。

相比之下，代码 C 和 D 都代表了包含逻辑分类的编码方案。在 C 代码中，分类方案的目的是区分处理不同种类原材料的职业。因此，所有与木材有关的职业的编号都在 01 到 09 之间，所有与布料有关的职业的编号都在 21 到 29 之间，其他原材料也是如此。剩余类别的数目从 41 至 49，涉及与原料加工没有直接关系的职业。

相比之下，代码 D 将职业按照其所属的行业进行分类。因此，金属和造船行业的数字在 01 至 09 之间，建筑行业的数字在 21 至 29 之间，杂项制造业的数字在 31 至 39 之间。

代码 C 和 D 显然有很多共同之处，选择使用哪一个代码在很大程度上取决于使用这些资料的历史学家的兴趣。如果感兴趣的是拥有共同技能的团队，那么代码 C 可能更合适，而代码 D 可能更适合研究行业之间的差异。这两种编码的优点在于它们都体现了一种逻辑分类。这样做的好处是很容易在一个较长的列表中找到特定的职业，当编码完成后，分类在很大程度上就完成了。使用两位数可以使分析人员（如果他愿意）忽略个别的小职业，而集中于较大的职业组，这时可只看代码的第一个数字。这种编码方案的主要缺点是，历史学家需要事先对所需要的类别的数量有一定的了解，在这种情况下，即要了解职业组的数量和每个组内的个别职业的数量。因此，在拟定诸如 D 类代码时，假定某一职业组只有 9 种不同的职业，因为属于这一组的代码只有 31 到 39，而事实上，大约有 50 种行业属于这一类。解决这一问题的办法是制定规则，以便在发现更多职业时可以扩大规模；例如，从 51 到 99 的数字可以被分配到各种各样的职业上，随着研究的继续，这个列表也被填满了。如有必要，可以将编码范围扩大到包括三位或四位数字，以便包括更多的职业或便于将其细分为更多的类别。

在已提出的一般原则内，编码程序在很大程度上是一个根据正在进行的特定研究而决定的事情。不过有一个约定是，不同的研究人员在研究类似问题时，最好尽可能地使用相同的编码方案，或者至少使用一致的编码方案。这种规则促进了研究人员之间的信息交流和比较研究的发展，当数据最终要存入计算机数据库时，这种规则具有特别的价值。

将数据转换成数值形式便于计算机处理，目前常用的计算语言主要是为处理数字而不是字母设计的，而字母数据的使用带来了复杂性。然而，应该强调的是，使用字母数据的缺点并不是不可克服的。例如，在处理人口普查数据时，有记录每个人姓名、职业和年龄信息的样本，就无须任何形式的编码，将样本成员的姓名、职业和年龄穿孔到卡片或纸带上是完全可行的。尽管不是必需的，但在穿孔卡的指定部分打孔是明智的，例如，如此操作职业就会出现在每张卡片的同一点上，结果如图 10-3 所示。这些数据可以通过一个字母排序过程直接进行排序，将所有从事相同职业的人分组在一起，而用其他简单的程序可以计算从事每个职业的人的平均年龄。以非编码形式输入数据的主要优点是，它取消了手工编码，而手工编码既烦琐又耗时，又常常产生错误。另一个重要的优点是计算机可以快速地用不同的方式编码，研究者不会被一开始设计的编码方案所束缚。毫无疑问，由于这些原因，非编码数据的输入将很快成为正常的方法。它唯一的缺点是研究人员必须有能力编写计算机程序来分析和处理这些数据，但这一缺点被使用原始数据的灵活性和节省手工编码时间所抵消。

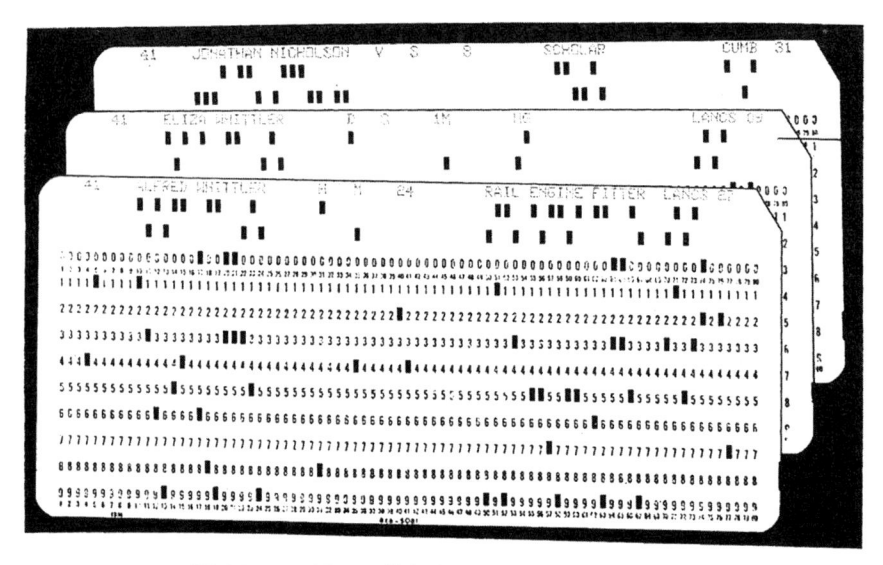

图 10-3 显示可能的普查数据安排的穿孔卡片

一旦做出了决定，数据就可以转移到所谓的"编码表"上以备打孔。使用"编码"一词并不表示数据必须以数字方式编码，编码表以一种便于穿孔操作员阅读和理解的形式显示数据。一张编码表，如图 10-4 所示，有 80 列，与一张穿孔卡片的 80 列相对应，数据按穿孔的顺序写在这张表上。编码表可以购买，也可以由研究人员为特定的项目制作。后一种方法的优点在于可以为列指定标题，显示穿孔的数据。这使得记录过程更容易，并降低数据被记录和打孔到错误列上的风险。

当数据被记录在编码表上时，它们可以被穿孔到卡片或纸带上。这可以由历史学家本人来完成。卡片或磁带打孔机的键盘很像打字机，而且机器操作非常简单。一个不熟练的操作员肯定会比一个训练有素的操作员花费更长的时间，因此，数据由专家打孔是正常的。通常，穿孔卡片机操作员将负责打孔并"验证"卡片。在验证过程中，当操作员在键盘上重新输入数据时，穿孔卡通过卡片穿孔机输入，卡片上的穿孔与被穿孔的数据之间的任何不一致都被标记出来。对纸带来说，没有类似的过程存在，尽管可以再打一根数据带，并指示计算机对两者进行比较，但这将是非常昂贵的，所以一般不这样做。

一旦数据被打孔，它们就变成了机器可读的形式，计算机处理的第一步就完成了。但是，一定要认识到在记录、编码和穿孔的过程中可能会出现

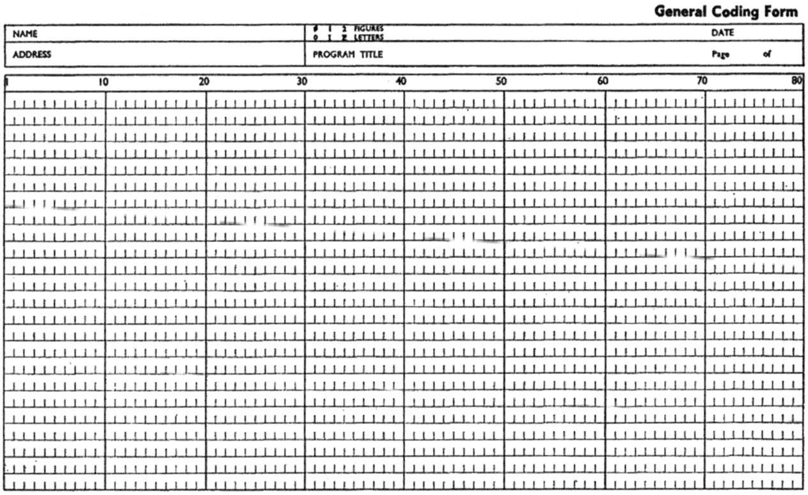

图 10-4　A 编码表

错误，必须尽一切努力来纠正这些错误。核实打孔将有助于消除错误，就像使用计算机进行内部检查一样，但研究人员应该始终意识到错误存在的可能性。在处理过程中，从原始数据在错误的列中打孔到简单的错误记录，许多"奇怪"的结果被证明是错误导致的。

当数据被穿孔在卡片上，成为机器可读的形式时，它们可以此种形式被处理。然而，尽管读卡器可以很快地将数据传输到计算机，但传输的速度比计算机处理数据的速度要慢得多。因此，特别是在涉及大量数据的情况下，将数据从卡片传输到计算机上是明智的。通常，数据通过计算机传输到磁带上，这种磁带有点儿像在录音机上使用的磁带的一种放大版。计算机在磁带上以大约每秒40000个字符的速度读取数据，大约是读取穿孔卡片速度的40倍，因此可以节省相当多的时间。一个更快的介质是磁盘。同样，这些数据传输和存储方法的可用性因计算机而异，在做出任何决定之前，都应咨询计算机工作人员。

一旦数据被转换成机器可读的形式，就可以开始处理了。计算机被指令去寻找数据，并通过"程序"对数据进行处理，因此计算机使用者的第二个主要任务是提供程序。使用者通过在第二套卡片上打孔来完成一系列指令，这些指令通常是用多种编程语言中的一种或另一种来编写的，最常见的是FORTRAN和ALGOL。用户通常由计算机工作人员指导采用最适合机器的编程语言。编程语言的存在是为了将指令（如"x加y"或"计算x的均值"或"完成x和y之间的相关性"）翻译成计算机能够理解的简单形式。因此，这些语言具有正常语言的一些特征，如语法结构清晰，但它们的词汇量非常有限，因此复杂的操作必须分解成简单的步骤。因此，学习一门编程语言包括学习这个简单的词汇表，以及决定词汇如何使用的语法结构。对于历史学家来说，认识到学习一门编程语言或编写计算机程序，除了简单的算术知识而不需要任何数学训练是很重要的。如果程序的设计是为了执行一个复杂的数学过程，那么显然需要具有数学知识和编写程序的经验，但是对于许多简单的操作来说，知道"+"表示"加"，"-"表示"减"就足够了。

作为一个简单的计算机程序示例，表 10-2 给出了一个用 FORTRAN 语言编写的程序，该程序用于计算表 5-1 中所列船只的算术平均吨位。程序显示在图表的左侧，所涉及步骤的注释显示在右侧。

除了编写如表 10-2 所示的程序外，计算机用户还需要打孔几张卡片以给计算机输入一些信息：用户的身份、所使用的计算机语言类型、数据的位置（在卡片上或磁带）等。这些"工作控制语言"或"JCL"卡是为特定计算机而定义的，必须从计算机工作人员那里获得详细信息。它们通常会在用户可以购买或借用的程序手册中详细说明。

表 10-2　一个计算算术平均数的简单 FORTRAN 程序说明

	程序	包含的步骤
	REAL MEAN，SUM	在计算中使用两个实数变量（小数点后有一个段的含有数字）
	INTEGER SHIP（3）	将使用一个名称为 SHIP 的整数（没有小数点）数组，该数组有三个元素
	SUM=0.0	将变量 SUM 的初始值设为零
	MEAN=0.0	将变量 MEAN 的初始值设为零
	DO 10 I =1,25	执行从这一行和标记为 10 的行之间的所有操作，循环执行 25 次
	READ (5,20) SHIP	从输入设备 5（一个读卡器）上按照标记为 20 的语句（见下一行）所定义的格式读取一张卡片，并将在该卡上找到的数字放入 SHIP 数组的元素中
20	FORMAT (I10, 20X, 2I10)	所指卡片包含一个十位数整数，后面跟着二十个空格，后面再跟着两个十位数整数。卡片上的其他内容将被忽略
10	SUM= SUM+ SHIP (2)	将数组 SHIP 的第二个元素值添加到变量 SUM 中；得到的总数就是 SUM 的新值［第一次这样做时，SHIP(2) 将被添加到零上；此后，在其他 24 次中，SHIP(2) 将被添加到以前的值的总和中。因此 SUM 将包含 SHIP(2) 的所有值的总和］。由于这个语句被标记为 10，计算机接下来返回到语句 DO 10 I= 1,25，并再次执行所有的操作，共循环执行 25 次

续表

程序	包含的步骤
MEAN= SUM/25	变量 SUM 现在已经依次添加了 25 次 SHIP(2) 的值，得到的是总的船只吨位值，再除以 25，其结果称为均值；即为船只吨位的算术平均值
WRITE (6,21) MEAN	在设备 6（一台打印机）上按照标号为 21 的语句（见下一行）所定义的格式输出平均值（MEAN 的数值）
21 FORMAT (5X, 16H MEAN TONNAGE WAS, Fl0.3)	按此格式，计算机将打印一行计算结果：4 个空格，接着打印占位 16 个字符文本"MEAN TONNAGE WAS"（"平均吨位为"），然后变量 MEAN 作为一个占有 10 个字符位的实数打印出来，包括前导零和经四舍五入小数点后保留三位数
STOP	计算机被指令停止计算
END	结束所有计算和输入—输出操作

注：每条指令都打孔在一张卡片上。实际上，还会添加一些专用于正在使用的计算机的其他指令。相关的数据如果是在纸带或卡片上打孔，将会跟随其后。

一旦程序被编写和穿孔，并添加了 JCL 卡后，还必须对程序进行测试。在许多计算机上，程序可以在没有数据的情况下进行测试，计算机只是简单地检查程序的逻辑和词汇是否符合编程语言的规则，并且没有出现失误。在进行了所有必要的修正之后（很可能会有很多修正），程序就可以加入数据进行测试了，通常一开始只测试其中的小部分数据。这允许用户在不占用太多时间的情况下检查程序是否执行了应有的操作。一旦确认了这一点，程序就可以"运行"完整的数据集，并获得结果。

在所有这些步骤之后，研究者就有了"输出"，并可以静下心来完成任务中最重要的部分，即对实质性结果的解释和分析。

因此，使用电子计算机进行数据处理至少在理论上是简单而直接的：用户执行一系列步骤，并产生一组结果。然而，对大多数历史学家，特别是那些没有计算机经验的人而言，以上对使用计算机的描述并未回答他们会想到的问题。这些问题是："使用电脑的优点和缺点是什么？"以及"我应该用它们来解决我的问题吗?"

尽管使用计算机有相当多的优点,但由于它的各种不利之处,决定这样做并不容易。矛盾的是,首先除了最后的计算,计算机的各个方面速度都很慢。很难概括所涉及的额外工作,因为在许多情况下,如果没有计算机,工作根本无法完成;此外,计算机应用的许多早期步骤,基本上涉及数据的系统化,可能在传统的分析过程中进行。然而,毫无疑问,打卡是一种额外的、耗时的任务。最重要的是,编写程序要花费大量的时间,如果历史学家没有使用计算机的经验,因此在开始历史分析之前,他必须学会编程,那就更是如此了。需要多长时间取决于个人的能力;数学技能并没有"解谜能力"那么重要,但是处理数字和数字概念的技能是非常有用的,比如前文描述的矩阵。即使历史学家擅长编写程序,其过程也是令人沮丧的,并且非常耗时,人们很容易犯错误,而错误如果不被注意到,就会导致程序运行失败。

在编写程序和准备数据时,时间因素也很重要。尽管计算可能只需要十分钟,但历史学家提交之后,不太可能立刻得到输出结果。对于大多数计算机设备来说,需要处理大量数据的操作必须在特定的时间提交,并且在提交后的几个小时甚至几天内都不能准备好。这又是一个很难概括的问题,因为这在很大程度上取决于特定的计算机能被使用的数量,以及程序和数据的性质。

计算机的主要优势是计算速度快。例如,使用计算机研究19世纪下半叶一家制造机床的工程公司的记录。1856~1900年,该公司根据约5000笔订单生产机床,每一笔订单的成本和销售记录上都有关于机床、客户、工作进度、材料成本等方面的信息。每笔订单上约有25个项目,这些信息构成了共约12.5万个项目的数据集,这些数据集被记录、打孔并转移到磁带上进行计算机处理,然后进行大量的计算。仅作为一个例子,我们可以提交一个"作业"，产生了 50 个表格：显示每年支付的机床成本价格的表；12 种机床每年支付的成本价格表；显示每年销售的机床总数的表；12 种机床每月销售的总价表和总数表。这些表和一些汇总统计信息是在很短的时间内生成的。很明显，在制表和排序过程中，计算机的运算速度远远超过人类。当计算机被用来执行更复杂的数学运算时，如对两个以上的变量进行回归分析，这种优势就更明显了。

此外，计算机的一个次要优势是准确性。对一个大的数据集（如工程公司的数据集）进行分析或制表，人工在计算或抄写方面不出一点差错几乎是不可能的。而计算机则不会出这类差错。只要程序得到了正确编写和测试，并排除了计算机故障的可能性，计算将以完全精准的方式运行。这种准确性也有助于提高计算机分析的速度，不需要重复计算来检查其准确性。

使用计算机还有其他一些好处。计算机能准确地执行所有指令，这意味着很容易跟踪计算中的所有步骤，从而识别方法中任何可能的错误。

历史学家必须根据这些优点和缺点，以及他的时间和所拥有的技能决定是否使用计算机工作。应该强调的是，计算机仅仅是执行机械工作的工具；它没有创造性，也不能免除历史学家从历史的角度思考问题，并提出明智的历史问题这样的基本义务。这一章的目的以及整本书的目的，都是提供一些信息使历史学家能够对他所能使用的方法做出抉择。最后，责任还是由他承担。

参考文献

ALLEN, R. G. D., *Statistics for Economists* (London, Hutchinson University Library, 1966).

BLALOCK, H. M., *Social Statistics* (New York, McGraw-Hill, 1960).

DOLLAR, C. M. and JEWSEN, R. J. N., *Historian's Guide to Statistics: Quantitative Analysis and Historical Research* (New York, Holt, Rinehart and Winston, 1971).

MORONEY, M. J., *Facts from Figures* (Harmondsworth, Penguin Books, 1960).

SHORTER, E., *The Historian and the Computer: a Practical Guide* (Englewood Cliffs, N.J., Prentice-Hall, 1971).

SIEGEL, S., *Nonparametric Statistics for the Behavioural Sciences* (New York, McGraw-Hill, 1956).

YEOMANS, K. A., *Statistics for the Social Scientist*; Vol. I, *Introductory Statistics*; Vol. II, *Applied Statistics* (Harmondsworth, Penguin Books, 1968).

ANDREANO, R. L. (ed.), *The New Economic History: Recent Papers on Methodology* (New York, John Wiley, 1970).

AYDELOTTE, W. O., *Quantification in History* (Reading, Mass., Addison-Wesley, 1971).

FOGEL, R. W. and ENGERMAN, S. L. (eds.), *The Reinterpretation of American Economic History* (New York, Harper and Row, 1971).

HAWKE, G. R., *Railways and Economic Growth in England and Wales, 1840-1870* (Oxford, Clarendon Press, 1970).

LANDES, D. S. and TILLY, C., *History as Social Science* (Englewood Cliffs, N.J., Prentice-Hall, 1971).

MCCLOSKEY, D. N. (ed.), *Essays on a Mature Economy: Britain after 1840* (London, Methuen, 1971).

RABB, T. K., *Enterprise and Empire: Merchant and Gentry Investment in the Expansion of England, 1575-1730* (Cambridge, Mass., Harvard U.P., 1967).

ROWNEY, D. K. and GRAHAM, J. Q. JUN (eds.), *Quantitative History: Selected Readings in the Quantitative Analysis of Historical Data* (Homewood, Ill., Dorsey Press, 1969).

SWIERENGA, R. P. (ed.), *Quantification in American History* (New York, Atheneum, 1970).

TILLY, C., *The Vendée* (Cambridge, Mass., Harvard U.P., 1964).

WRIGLEY, E. A. (ed.), *Nineteenth Century Society Essays in the Use of Quantitative Methods for the Study of Social Data* (Cambridge, Cambridge U.P., 1972).

附 录

对数表

	0	1	2	3	4	5	6	7	8	9	Mean Differences.								
											1	2	3	4	5	6	7	8	9
10	0000	0043	0086	0128	0170	0212	0253	0294	0334	0374	4	8	12	17	21	25	29	33	37
11	0414	0453	0492	0531	0569	0607	0645	0682	0719	0755	4	8	11	15	19	23	26	30	34
12	0792	0828	0864	0899	0934	0969	1004	1038	1072	1106	3	7	10	14	17	21	24	28	31
13	1139	1173	1206	1239	1271	1303	1335	1367	1399	1430	3	6	10	13	16	19	23	26	29
14	1461	1492	1523	1553	1584	1614	1644	1673	1703	1732	3	6	9	12	15	18	21	24	27
15	1761	1790	1818	1847	1875	1903	1931	1959	1987	2014	3	6	8	11	14	17	20	22	25
16	2041	2068	2095	2122	2148	2175	2201	2227	2253	2279	3	5	8	11	13	16	18	21	24
17	2304	2330	2355	2380	2405	2430	2455	2480	2504	2529	2	5	7	10	12	15	17	20	22
18	2553	2577	2601	2625	2648	2672	2695	2718	2742	2765	2	5	7	9	12	14	16	19	21
19	2788	2810	2833	2856	2878	2900	2923	2945	2967	2989	2	4	7	9	11	13	16	18	20
20	3010	3032	3054	3075	3096	3118	3139	3160	3181	3201	2	4	6	8	11	13	15	17	19
21	3222	3243	3263	3284	3304	3324	3345	3365	3385	3404	2	4	6	8	10	12	14	16	18
22	3424	3444	3464	3483	3502	3522	3541	3560	3579	3598	2	4	6	8	10	12	14	15	17
23	3617	3636	3655	3674	3692	3711	3729	3747	3766	3784	2	4	6	7	9	11	13	15	17
24	3802	3820	3838	3856	3874	3892	3909	3927	3945	3962	2	4	5	7	9	11	12	14	16
25	3979	3997	4014	4031	4048	4065	4082	4099	4116	4133	2	3	5	7	9	10	12	14	15
26	4150	4166	4183	4200	4216	4232	4249	4265	4281	4298	2	3	5	7	8	10	11	13	15
27	4314	4330	4346	4362	4378	4393	4409	4425	4440	4456	2	3	5	6	8	9	11	13	14
28	4472	4487	4502	4518	4533	4548	4564	4579	4594	4609	2	3	5	6	8	9	11	12	14
29	4624	4639	4654	4669	4683	4698	4713	4728	4742	4757	1	3	4	6	7	9	10	12	13
30	4771	4786	4800	4814	4829	4843	4857	4871	4886	4900	1	3	4	6	7	9	10	11	13
31	4914	4928	4942	4955	4969	4983	4997	5011	5024	5038	1	3	4	6	7	8	10	11	12
32	5051	5065	5079	5092	5105	5119	5132	5145	5159	5172	1	3	4	5	7	8	9	11	12
33	5185	5198	5211	5224	5237	5250	5263	5276	5289	5302	1	3	4	5	6	8	9	10	12
34	5315	5328	5340	5353	5366	5378	5391	5403	5416	5428	1	3	4	5	6	8	9	10	11
35	5441	5453	5465	5478	5490	5502	5514	5527	5539	5551	1	2	4	5	6	7	9	10	11
36	5563	5575	5587	5599	5611	5623	5635	5647	5658	5670	1	2	4	5	6	7	8	10	11
37	5682	5694	5705	5717	5729	5740	5752	5763	5775	5786	1	2	3	5	6	7	8	9	10
38	5798	5809	5821	5832	5843	5855	5866	5877	5888	5899	1	2	3	5	6	7	8	9	10
39	5911	5922	5933	5944	5955	5966	5977	5988	5999	6010	1	2	3	4	5	7	8	9	10
40	0021	6031	6042	6053	6064	6075	6085	6096	6107	6117	1	2	3	4	5	6	8	9	10
41	6128	6138	6149	6160	6170	6180	6191	6201	0212	6222	1	2	3	4	5	6	7	8	9
42	6232	6243	6253	6263	6274	6284	6294	6304	6314	6325	1	2	3	4	5	6	7	8	9
43	6335	6345	6355	6365	6375	6385	6395	6405	6415	6425	1	2	3	4	5	6	7	8	9
44	6435	6444	6454	6464	6474	6484	6493	6503	6513	6522	1	2	3	4	5	6	7	8	9
45	6532	6542	6551	6561	6571	6580	6590	6599	6609	6618	1	2	3	4	5	6	7	8	9
46	6628	6637	6646	6656	6665	6675	6684	6693	6702	6712	1	2	3	4	5	6	7	7	8
47	6721	6730	6739	6749	6758	6767	6776	6785	6794	6803	1	2	3	4	5	5	6	7	8
48	6812	6821	6830	6839	6848	6857	6866	6875	6884	6893	1	2	3	4	4	5	6	7	8
49	6902	6911	6920	6928	6937	6946	6955	6964	6972	6981	1	2	3	4	4	5	6	7	8
50	6990	6998	7007	7016	7024	7033	7042	7050	7059	7067	1	2	3	3	4	5	6	7	8
51	7076	7084	7093	7101	7110	7118	7126	7135	7143	7152	1	2	3	3	4	5	6	7	8
52	7160	7168	7177	7185	7193	7202	7210	7218	7226	7235	1	2	2	3	4	5	6	7	7
53	7243	7251	7259	7267	7275	7284	7292	7300	7308	7316	1	2	2	3	4	5	6	6	7
54	7324	7332	7340	7348	7356	7364	7372	7380	7388	7396	1	2	2	3	4	5	6	6	7

	0	1	2	3	4	5	6	7	8	9	\multicolumn{9}{c}{Mean Differences.}								
											1	2	3	4	5	6	7	8	9
55	7404	7412	7419	7427	7435	**7443**	7451	7459	7466	7474	1	2	2	3	4	5	5	6	7
56	7482	7490	7497	7505	7513	**7520**	7528	7536	7543	7551	1	2	2	3	4	5	5	6	7
57	7559	7566	7574	7582	7589	**7597**	7604	7612	7619	7627	1	2	2	3	4	5	5	6	7
58	7634	7642	7649	7657	7664	**7672**	7679	7686	7694	7701	1	1	2	3	4	4	5	6	7
59	7709	7716	7723	7731	7738	**7745**	7752	7760	7767	7774	1	1	2	3	4	4	5	6	7
60	7782	7789	7796	7803	7810	**7818**	7825	7832	7839	7846	1	1	2	3	4	4	5	6	6
61	7853	7860	7868	7875	7882	**7889**	7896	7903	7910	7917	1	1	2	3	4	4	5	6	6
62	7924	7931	7938	7945	7952	**7959**	7966	7973	7980	7987	1	1	2	3	3	4	5	6	6
63	7993	8000	8007	8014	8021	**8028**	8035	8041	8048	8055	1	1	2	3	3	4	5	5	6
64	8062	8069	8075	8082	8089	**8096**	8102	8109	8116	8122	1	1	2	3	3	4	5	5	6
65	8129	8136	8142	8149	8156	**8162**	8169	8176	8182	8189	1	1	2	3	3	4	5	5	6
66	8195	8202	8209	8215	8222	**8228**	8235	8241	8248	8254	1	1	2	3	3	4	5	5	6
67	8261	8267	8274	8280	8287	**8293**	8299	8306	8312	8319	1	1	2	3	3	4	5	5	6
68	8325	8331	8338	8344	8351	**8357**	8363	8370	8376	8382	1	1	2	3	3	4	4	5	6
69	8388	8395	8401	8407	8414	**8420**	8426	8432	8439	8445	1	1	2	2	3	4	4	5	6
70	8451	8457	8463	8470	8476	**8482**	8488	8494	8500	8506	1	1	2	2	3	4	4	5	6
71	8513	8519	8525	8531	8537	**8543**	8549	8555	8561	8567	1	1	2	2	3	4	4	5	5
72	8573	8579	8585	8591	8597	**8603**	8609	8615	8621	8627	1	1	2	2	3	4	4	5	5
73	8633	8639	8645	8651	8657	**8663**	8669	8675	8681	8686	1	1	2	2	3	4	4	5	5
74	8692	8698	8704	8710	8716	**8722**	8727	8733	8739	8745	1	1	2	2	3	4	4	5	5
75	8751	8756	8762	8768	8774	**8779**	8785	8791	8797	8802	1	1	2	2	3	3	4	5	5
76	8808	8814	8820	8825	8831	**8837**	8842	8848	8854	8859	1	1	2	2	3	3	4	5	5
77	8865	8871	8876	8882	8887	**8893**	8899	8904	8910	8915	1	1	2	2	3	3	4	4	5
78	8921	8927	8932	8938	8943	**8949**	8954	8960	8965	8971	1	1	2	2	3	3	4	4	5
79	8976	8982	8987	8993	8998	**9004**	9009	9015	9020	9025	1	1	2	2	3	3	4	4	5
80	9031	9036	9042	9047	9053	**9058**	9063	9069	9074	9079	1	1	2	2	3	3	4	4	5
81	9085	9090	9096	9101	9106	**9112**	9117	9122	9128	9133	1	1	2	2	3	3	4	4	5
82	9138	9143	9149	9154	9159	**9165**	9170	9175	9180	9186	1	1	2	2	3	3	4	4	5
83	9191	9196	9201	9206	9212	**9217**	9222	9227	9232	9238	1	1	2	2	3	3	4	4	5
84	9243	9248	9253	9258	9263	**9269**	9274	9279	9284	9289	1	1	2	2	3	3	4	4	5
85	9294	9299	9304	9309	9315	**9320**	9325	9330	9335	9340	1	1	2	2	3	3	4	4	5
86	9345	9350	9355	9360	9365	**9370**	9375	9380	9385	9390	1	1	2	2	3	3	4	4	5
87	9395	9400	9405	9410	9415	**9420**	9425	9430	9435	9440	0	1	1	2	2	3	3	4	4
88	9445	9450	9455	9460	9465	**9469**	9474	9479	9484	9489	0	1	1	2	2	3	3	4	4
89	9494	9499	9504	9509	9513	**9518**	9523	9528	9533	9538	0	1	1	2	2	3	3	4	4
90	9542	9547	9552	9557	9562	**9566**	9571	9576	9581	9586	0	1	1	2	2	3	3	4	4
91	9590	9595	9600	9605	9609	**9614**	9619	9624	9628	9633	0	1	1	2	2	3	3	4	4
92	9638	9643	9647	9652	9657	**9661**	9666	9671	9675	9680	0	1	1	2	2	3	3	4	4
93	9685	9689	9694	9699	9703	**9708**	9713	9717	9722	9727	0	1	1	2	2	3	3	4	4
94	9731	9736	9741	9745	9750	**9754**	9759	9763	9768	9773	0	1	1	2	2	3	3	4	4
95	9777	9782	9786	9791	9795	**9800**	9805	9809	9814	9818	0	1	1	2	3	3	4	4
96	9823	9827	9832	9836	9841	**9845**	9850	9854	9859	9863	0	1	1	2	2	3	3	4	4
97	9868	9872	9877	9881	9886	**9890**	9894	9899	9903	9908	0	1	1	2	2	3	3	4	4
98	9912	9917	9921	9926	9930	**9934**	9939	9943	9948	9952	0	1	1	2	2	3	3	4	4
99	9956	9961	9965	9969	9974	**9978**	9983	9987	9991	9996	0	1	1	2	2	3	3	3	4

反对数表

	0	1	2	3	4	5	6	7	8	9	Mean Differences.								
											1	2	3	4	5	6	7	8	9
·00	1000	1002	1005	1007	1009	**1012**	1014	1016	1019	1021	0	0	1	1	1	1	2	2	2
·01	1023	1026	1028	1030	1033	**1035**	1038	1040	1042	1045	0	0	1	1	1	1	2	2	2
·02	1047	1050	1052	1054	1057	**1059**	1062	1064	1067	1069	0	0	1	1	1	1	2	2	2
·03	1072	1074	1076	1079	1081	**1084**	1086	1089	1091	1094	0	0	1	1	1	1	2	2	2
·04	1096	1099	1102	1104	1107	**1109**	1112	1114	1117	1119	0	1	1	1	1	2	2	2	2
·05	1122	1125	1127	1130	1132	**1135**	1138	1140	1143	1146	0	1	1	1	1	2	2	2	2
·06	1148	1151	1153	1156	1159	**1161**	1164	1167	1169	1172	0	1	1	1	1	2	2	2	2
·07	1175	1178	1180	1183	1186	**1189**	1191	1194	1197	1199	0	1	1	1	1	2	2	2	2
·08	1202	1205	1208	1211	1213	**1216**	1219	1222	1225	1227	0	1	1	1	1	2	2	2	3
·09	1230	1233	1236	1239	1242	**1245**	1247	1250	1253	1256	0	1	1	1	1	2	2	2	3
·10	1259	1262	1265	1268	1271	**1274**	1276	1279	1282	1285	0	1	1	1	1	2	2	2	3
·11	1288	1291	1294	1297	1300	**1303**	1306	1309	1312	1315	0	1	1	1	2	2	2	2	3
·12	1318	1321	1324	1327	1330	**1334**	1337	1340	1343	1346	0	1	1	1	2	2	2	2	3
·13	1349	1352	1355	1358	1361	**1365**	1368	1371	1374	1377	0	1	1	1	2	2	2	3	3
·14	1380	1384	1387	1390	1393	**1396**	1400	1403	1406	1409	0	1	1	1	2	2	2	3	3
·15	1413	1416	1419	1422	1426	**1429**	1432	1435	1439	1442	0	1	1	1	2	2	2	3	3
·16	1445	1449	1452	1455	1459	**1462**	1466	1469	1472	1476	0	1	1	1	2	2	2	3	3
·17	1479	1483	1486	1489	1493	**1496**	1500	1503	1507	1510	0	1	1	1	2	2	2	3	3
·18	1514	1517	1521	1524	1528	**1531**	1535	1538	1542	1545	0	1	1	1	2	2	3	3	3
·19	1549	1552	1556	1560	1563	**1567**	1570	1574	1578	1581	0	1	1	1	2	2	3	3	3
·20	1585	1589	1592	1596	1600	**1603**	1607	1611	1614	1618	0	1	1	2	2	2	3	3	3
·21	1622	1626	1629	1633	1637	**1641**	1644	1648	1652	1656	0	1	1	2	2	2	3	3	3
·22	1660	1663	1667	1671	1675	**1679**	1683	1687	1690	1694	0	1	1	2	2	2	3	3	3
·23	1698	1702	1706	1710	1714	**1718**	1722	1726	1730	1734	0	1	1	2	2	2	3	3	4
·24	1738	1742	1746	1750	1754	**1758**	1762	1766	1770	1774	0	1	1	2	2	2	3	3	4
·25	1778	1782	1786	1791	1795	**1799**	1803	1807	1811	1816	0	1	1	2	2	2	3	3	4
·26	1820	1824	1828	1832	1837	**1841**	1845	1849	1854	1858	0	1	1	2	2	3	3	3	4
·27	1862	1866	1871	1875	1879	**1884**	1888	1892	1897	1901	0	1	1	2	2	3	3	3	4
·28	1905	1910	1914	1919	1923	**1928**	1932	1936	1941	1945	0	1	1	2	2	3	3	4	4
·29	1950	1954	1959	1963	1968	**1972**	1977	1982	1986	1991	0	1	1	2	2	3	3	4	4
·30	1995	2000	2004	2009	2014	**2018**	2023	2028	2032	2037	0	1	1	2	2	3	3	4	4
·31	2042	2046	2051	2056	2061	**2065**	2070	2075	2080	2084	0	1	1	2	2	3	3	4	4
·32	2089	2094	2099	2104	2109	**2113**	2118	2123	2128	2133	0	1	1	2	2	3	3	4	4
·33	2138	2143	2148	2153	2158	**2163**	2168	2173	2178	2183	0	1	1	2	2	3	3	4	4
·34	2188	2193	2198	2203	2208	**2213**	2218	2223	2228	2234	1	1	2	2	3	3	4	4	5
·35	2239	2244	2249	2254	2259	**2265**	2270	2275	2280	2286	1	1	2	2	3	3	4	4	5
·36	2291	2296	2301	2307	2312	**2317**	2323	2328	2333	2339	1	1	2	2	3	3	4	4	5
·37	2344	2350	2355	2360	2366	**2371**	2377	2382	2388	2393	1	1	2	2	3	3	4	4	5
·38	2399	2404	2410	2415	2421	**2427**	2432	2438	2443	2449	1	1	2	2	3	3	4	4	5
·39	2455	2460	2466	2472	2477	**2483**	2489	2495	2500	2506	1	2	2	3	3	4	5	5	
·40	2512	2518	2523	2529	2535	**2541**	2547	2553	2559	2564	1	1	2	2	3	4	4	5	5
·41	2570	2576	2582	2588	2594	**2600**	2606	2612	2618	2624	1	1	2	2	3	4	4	5	6
·42	2630	2636	2642	2649	2655	**2661**	2667	2673	2679	2685	1	1	2	2	3	4	4	5	6
·43	2692	2698	2704	2710	2716	**2723**	2729	2735	2742	2748	1	2	3	3	4	4	5	6	
·44	2754	2761	2767	2773	2780	**2786**	2793	2799	2805	2812	1	2	3	3	4	4	5	6	
·45	2818	2825	2831	2838	2844	**2851**	2858	2864	2871	2877	1	2	3	3	4	5	5	6	
·46	2884	2891	2897	2904	2911	**2917**	2924	2931	2938	2944	1	2	3	3	4	5	5	6	
·47	2951	2958	2965	2972	2979	**2985**	2992	2999	3006	3013	1	2	3	3	4	5	5	6	
·48	3020	3027	3034	3041	3048	**3055**	3062	3069	3076	3083	1	2	3	4	4	5	6	6	
·49	3090	3097	3105	3112	3119	**3126**	3133	3141	3148	3155	1	2	3	4	4	5	6	6	

献给历史学家的量化方法

	0	1	2	3	4	5	6	7	8	9	Mean Differences.								
											1	2	3	4	5	6	7	8	9
·50	3162	3170	3177	3184	3192	3199	3206	3214	3221	3228	1	1	2	3	4	4	5	6	7
·51	3236	3243	3251	3258	3266	3273	3281	3289	3296	3304	1	2	2	3	4	5	5	6	7
·52	3311	3319	3327	3334	3342	3350	3357	3365	3373	3381	1	2	2	3	4	5	5	6	7
·53	3388	3396	3404	3412	3420	3428	3436	3443	3451	3459	1	2	2	3	4	5	6	6	7
·54	3467	3475	3483	3491	3499	3508	3516	3524	3532	3540	1	2	2	3	4	5	6	6	7
·55	3548	3556	3565	3573	3581	3589	3597	3606	3614	3622	1	2	2	3	4	5	6	7	7
·56	3631	3639	3648	3656	3664	3673	3681	3690	3698	3707	1	2	3	3	4	5	6	7	8
·57	3715	3724	3733	3741	3750	3758	3767	3776	3784	3793	1	2	3	3	4	5	6	7	8
·58	3802	3811	3819	3828	3837	3846	3855	3864	3873	3882	1	2	3	4	4	5	6	7	8
·59	3890	3899	3908	3917	3926	3936	3945	3954	3963	3972	1	2	3	4	5	5	6	7	8
·60	3981	3990	3999	4009	4018	4027	4036	4046	4055	4064	1	2	3	4	5	6	6	7	8
·61	4074	4083	4093	4102	4111	4121	4130	4140	4150	4159	1	2	3	4	5	6	7	8	9
·62	4169	4178	4188	4198	4207	4217	4227	4236	4246	4256	1	2	3	4	5	6	7	8	9
·63	4266	4276	4285	4295	4305	4315	4325	4335	4345	4355	1	2	3	4	5	6	7	8	9
·64	4365	4375	4385	4395	4406	4416	4426	4436	4446	4457	1	2	3	4	5	6	7	8	9
·65	4467	4477	4487	4498	4508	4519	4529	4539	4550	4560	1	2	3	4	5	6	7	8	9
·66	4571	4581	4592	4603	4613	4624	4634	4645	4656	4667	1	2	3	4	5	6	7	9	10
·67	4677	4688	4699	4710	4721	4732	4742	4753	4764	4775	1	2	3	4	5	7	8	9	10
·68	4786	4797	4808	4819	4831	4842	4853	4864	4875	4887	1	2	3	4	6	7	8	9	10
·69	4898	4909	4920	4932	4943	4955	4966	4977	4989	5000	1	2	3	5	6	7	8	9	10
·70	5012	5023	5035	5047	5058	5070	5082	5093	5105	5117	1	2	4	5	6	7	8	9	11
·71	5129	5140	5152	5164	5176	5188	5200	5212	5224	5236	1	2	4	5	6	7	8	10	11
·72	5248	5260	5272	5284	5297	5309	5321	5333	5346	5358	1	2	4	5	6	7	9	10	11
·73	5370	5383	5395	5408	5420	5433	5445	5458	5470	5483	1	3	4	5	6	8	9	10	11
·74	5495	5508	5521	5534	5546	5559	5572	5585	5598	5610	1	3	4	5	6	8	9	10	12
·75	5623	5636	5649	5662	5675	5689	5702	5715	5728	5741	1	3	4	5	7	8	9	10	12
·76	5754	5768	5781	5794	5808	5821	5834	5848	5861	5875	1	3	4	5	7	8	9	11	12
·77	5888	5902	5916	5929	5943	5957	5970	5984	5998	6012	1	3	4	5	7	8	10	11	12
·78	6026	6039	6053	6067	6081	6095	6109	6124	6138	6152	1	3	4	6	7	9	10	11	13
·79	6166	6180	6194	6209	6223	6237	6252	6266	6281	6295	1	3	4	6	7	9	10	11	13
·80	6310	6324	6339	6353	6368	6383	6397	6412	6427	6442	1	3	4	6	7	9	10	12	13
·81	6457	6471	6486	6501	6516	6531	6546	6561	6577	6592	2	3	5	6	8	9	11	12	14
·82	6607	6622	6637	6653	6668	6683	6699	6714	6730	6745	2	3	5	6	8	9	11	12	14
·83	6761	6776	6792	6808	6823	6839	6855	6871	6887	6902	2	3	5	6	8	9	11	13	14
·84	6918	6934	6950	6966	6982	6998	7015	7031	7047	7063	2	3	5	6	8	10	11	13	15
·85	7079	7096	7112	7129	7145	7161	7178	7194	7211	7228	2	3	5	7	8	10	12	13	15
·86	7244	7261	7278	7295	7311	7328	7345	7362	7379	7396	2	3	5	7	8	10	12	13	15
·87	7413	7430	7447	7464	7482	7499	7516	7534	7551	7568	2	3	5	7	9	10	12	14	16
·88	7586	7603	7621	7638	7656	7674	7691	7709	7727	7745	2	4	5	7	9	11	12	14	16
·89	7762	7780	7798	7816	7834	7852	7870	7889	7907	7925	2	4	5	7	9	11	13	14	16
·90	7943	7962	7980	7998	8017	8035	8054	8072	8091	8110	2	4	6	7	9	11	13	15	17
·91	8128	8147	8166	8185	8204	8222	8241	8260	8279	8299	2	4	6	8	9	11	13	15	17
·92	8318	8337	8356	8375	8395	8414	8433	8453	8472	8492	2	4	6	8	10	12	14	15	17
·93	8511	8531	8551	8570	8590	8610	8630	8650	8670	8690	2	4	6	8	10	12	14	16	18
·94	8710	8730	8750	8770	8790	8810	8831	8851	8872	8892	2	4	6	8	10	12	14	16	18
·95	8913	8933	8954	8974	8995	9016	9036	9057	9078	9099	2	4	6	8	10	12	15	17	19
·96	9120	9141	9162	9183	9204	9226	9247	9268	9290	9311	2	4	6	8	11	13	15	17	19
·97	9333	9354	9376	9397	9419	9441	9462	9484	9506	9528	2	4	7	9	11	13	15	17	20
·98	9550	9572	9594	9616	9638	9661	9683	9705	9727	9750	2	4	7	9	11	13	16	18	20
·99	9772	9795	9817	9840	9863	9886	9908	9931	9954	9977	2	5	7	9	11	14	16	18	20

致　谢

在写作本书的过程中，我得到了很多建议和鼓励。首先，特别感谢 R. M. Hartwell，他建议我为历史学家写一本关于统计学方面的书。其次，感谢 Emiel van Broekhoven 博士，他在计算机应用方面帮助了我；感谢 Stanley Engerman 教授、Nathan Rosenberg 教授、Roger Schofield 博士和 Geoffrey Crossick 先生，他们阅读了早期的稿本，并提出了许多有益的建议。再次，感谢剑桥大学的听众，他们就书中的许多观点和例子给予了积极的反馈；感谢梅图恩的约翰·内勒，他的建议和帮助一直是我写作本书思路的源泉。最后，也是最重要的，我要感激我的妻子，感激她的批评、安慰和帮助，没有她，这本书很难写成。

译后记

中国经济史研究著名学者吴承明教授在论及经济史研究方法论时曾言"凡是能够计量的,尽可能做些定量分析"。近年来,在国内多位学者的积极引介与推动之下,量化历史呈现出了繁荣发展的景象。2013年京华酷暑的时节,我有幸以博士研究生身份参加了清华大学举办的第一届量化历史讲习班。研讨班上国内外多位知名经济史学者结合大量历史数据进行的量化历史研究给我们带来了极大的研究方法上的冲击和对中西经济史宏大问题的讨论。尤记得负责研究班举办的陈志武教授、龙登高教授在学习结束后寄语"黄埔一期"的量化历史学习班学员,希望年轻的学员能够以这次深度交流为契机,在大数据时代多尝试进行一些量化历史研究。正是这一学术思想的启蒙与引导也促使我不断尝试在研究中进行新的研究方法的尝试。2018年初,现已担任南昌大学副校长的刘耀彬教授联系我言及他所在的经济学学科有意大力推进理论经济学学科建设。为推进南昌大学经济史研究的发展,刘耀彬教授在学科发展座谈会上很快拟定出了相关建设方案。商议结合学科建设规划与未来学术战略首先翻译出版一套量化经济史经典丛书。随后在其学生山东大学经济研究院白彩全博士积极联系下提供了丛书的英文版本。在编委会所提供的多本英文量化经济史著作中,通过粗略地了解丛书所选国外学者的研究内容,我对本书作者罗德里克·弗劳德教授所做的英国土地、贸易等量化历史的讨论持有更大的学术兴趣。

  2018年暑假开始正式启动本书的翻译工作。在上海财经大学理论经济学博士后站研究期间我对书中部分章节进行了初步的翻译。因博士后在站期间承担了较为艰巨的科研计划，书稿的翻译一直时断时续。到2019年，我在南昌大学人文学院所带的研究生李珊珊同学等相继加入本书的翻译与校稿之中。此后我的学生，现已在外校读研的中山大学陈浩旻（第4、5章）、中国人民大学徐久红（第6、7章）、香港中文大学柳逸辰（第8、9章）协助进行了未完成部分章节的翻译工作。经过大家共同努力所翻译的书稿几经校对后即将出版。在正式出版之际，要真诚地感谢具体负责本书编辑的高雁老师。在书稿的编校过程中高雁老师不仅花费了大量时间设计出精美的版式和封面，同时还从专业出版人角度提供了很好的学术翻译建议。感谢刘耀彬教授、白彩全博士为本书翻译所提供的相关支持。尽管翻译过程前后持续了两年多时间，其间我也得以在较为繁忙课题研究之余再次抽出一段时间梳理和反思不同经济史研究方法所带来的学术创新的无穷魅力。译稿出版之际，也感谢我所工作的人文学院的各位领导，为个人选择外出进行博士后研究给予理解和支持，并提供了较为宽松的研究时间。

  "他山之石，可以攻玉"，希望本书的出版能为国内学者进一步了解西方量化经济史研究进展做出一点微薄的贡献。"我们要敞开我们的胸怀，接受各种新事物，哪怕我们用不到，我们也要尽量去了解它。与此同时，我们也不要放弃我们自己本来的优势和传统。"（引自李伯重教授所译英国历史学会主席巴勒克拉夫名言）。也借本书的出版勉励自己未来在中西财政金融史相关问题的探寻上能更进一步打开视野，通过量化历史研究去感受那逝去的一段段历史所带来的丰富启示！

刘杰
2021年3月10日于南昌三省斋

图书在版编目（CIP）数据

献给历史学家的量化方法 /（英）罗德里克·弗劳德（Roderick Floud）著；刘杰等译. -- 北京：社会科学文献出版社，2021.4（2021.12重印）
（量化经济史经典译丛）
书名原文：Introduction to Quantitative Methods for Historians
ISBN 978-7-5201-8229-4

Ⅰ.①献… Ⅱ.①罗… ②刘… Ⅲ.①史学－研究方法 Ⅳ.①K06

中国版本图书馆CIP数据核字（2021）第064191号

·量化经济史经典译丛·

献给历史学家的量化方法

著　　者 /〔英〕罗德里克·弗劳德（Roderick Floud）
译　　者 / 刘　杰　等

出 版 人 / 王利民
责任编辑 / 高　雁
责任印制 / 王京美

出　　版 / 社会科学文献出版社·经济与管理分社（010）59367226
　　　　　 地址：北京市北三环中路甲29号院华龙大厦　邮编：100029
　　　　　 网址：www.ssap.com.cn
发　　行 / 市场营销中心（010）59367081　59367083
印　　装 / 三河市尚艺印装有限公司

规　　格 / 开　本：787mm×1092mm　1/16
　　　　　 印　张：12.75　字　数：163千字
版　　次 / 2021年4月第1版　2021年12月第2次印刷
书　　号 / ISBN 978-7-5201-8229-4
著作权合同
登 记 号 / 图字01-2019-1983号
定　　价 / 118.00元

本书如有印装质量问题，请与读者服务中心（010-59367028）联系

▲ 版权所有 翻印必究